# 新时期
# 体育教学
# 理论与实践
# 新探

程旭东 阎朝旭 程寅盾 ◎ 著

中国出版集团
中译出版社

U0686667

**图书在版编目（CIP）数据**

新时期体育教学理论与实践新探 / 程旭东，阎朝旭，程寅盾著. -- 北京：中译出版社，2024. 6. -- ISBN 978-7-5001-7967-2

Ⅰ. G807.01

中国国家版本馆CIP数据核字第2024JW8220号

**新时期体育教学理论与实践新探**

XIN SHIQI TIYU JIAOXUE LILUN YU SHIJIAN XINTAN

著　　者：程旭东　阎朝旭　程寅盾

策划编辑：于　宇

责任编辑：于　宇

文字编辑：田玉肖

营销编辑：马　萱　钟筱童

出版发行：中译出版社

地　　址：北京市西城区新街口外大街28号102号楼4层

电　　话：（010）68002494（编辑部）

由　　编：100088

电子邮箱：book@ctph.com.cn

网　　址：http://www.ctph.com.cn

印　　刷：北京四海锦诚印刷技术有限公司

经　　销：新华书店

规　　格：710 mm×1000 mm　1/16

印　　张：13

字　　数：210千字

版　　次：2025年3月第1版

印　　次：2025年3月第1次印刷

ISBN 978-7-5001-7967-2　　　　定价：68.00元

# 前　言

  体育教学历史悠久，古已有之。随着人类社会的发展，体育教学经历了一个不断充实、完善的过程。在其发展过程中，现代体育教学逐渐发展成科学的教学、全面的教学，以及培养德、智、体、美、劳全面发展人才的教学。如今体育教学越来越受到人们的重视，在社会中发挥着越来越重要的作用。做好高校体育教学工作，不仅能够提高高校教学效率与整体水平，而且能实现新时期高校体育教学培养的目标要求，还能推动学生的身心健康发展。在新时期适当引进新型的教育理念，把创新作为高校体育教学与改革探索的主要方向，对提高高校体育教学的整体质量具有重要的现实意义。因此，高校体育教学应当继续深化改革，改变"灌输式""填鸭式"的教学模式，注重培养和发挥学生的个性，充分了解体育与体育教学的相关概念、发展现状及体育教学管理的相关内容，从思想观念、教学方法、教学设计、教学主体、创新思维等方面进行改革。只有对高校体育教学进行全方位的改革和创新，才能使新时期的高校体育教学实现在教学质量上的提高。

  本书是关于新时期体育教学方向的书籍，主要研究新时期体育教学理论与实践。本书从体育教学的基础介绍入手，首先针对体育教学模式与方法的理论及体育健康课程的理论内涵、体育教学设计理论体系的构建进行了全面的分析研究；其次对基于有效教学理论的体育教学及体育课堂教学技能训练、球类运动教学实践提出了一些建议。本书力求构思新颖、逻辑严谨，将理论与实践紧密结合，希望对新时期体育教学理论与实践的研究创新有一定的借鉴意义。

  限于作者水平不足，加之时间仓促，本书难免存在一些疏漏，在此，恳请同行专家和读者朋友批评指正。

作者

2024年3月

# 目　录

# 第一章　体育教学基础理论

## 第一节　体育教学论与相关科学理论

### 一、体育教学论概述

#### （一）体育教学论的概念

体育教学论是一门科学，其主要是对体育教学的各种现象与一般规律进行研究。换言之，体育教学中的各种现象和教学现象中隐藏的规律是体育教学论的主要研究对象。

#### （二）体育教学论的结构

体育教学论其实就是人们对体育教学中相关问题的思考，它分为两大部分，即体育理论教学论和体育应用教学论。

#### （三）体育教学论的研究

不管哪个学科都有属于自己与其他学科不同的研究对象，这是每个学科与其他学科相区别的主要标志。体育教学论这门学科也不例外，其研究对象具体如下。

①教与学的关系问题。体育教学这一活动包含多种因素，如教学主体、教学环境、教学客体等，这些因素之间的关系是错综复杂的，每个因素之间又是相互联系、相互依存、相互影响的。在体育教学活动设计的各因素之间的关系中，最根本的、最关键的关系是教与学两者之间的关系，教学活动要以这一关系为主要依据才能得以顺利开展。因此，对体育教学进行研究，就要首先对教与学二者的

关系进行分析与研究，通过研究来将其中隐藏的教学规律揭示出来，从而对体育教学原理进行深入掌握。

②教与学的条件问题。体育教学过程能否顺利开展直接受到教学条件这一重要因素的影响。体育教学目标能否顺利完成，教学质量能否得到提高从一定程度上也受到体育教学条件好坏的影响。教学的硬件与软件设施、教学氛围等是体育教学活动中教与学的条件的主要内容。

③教与学的操作问题。体育教学论不仅对理论方面的相关内容进行研究，而且对实践操作中的问题进行研究。在体育教学过程中，教与学的操作问题具体指的是以体育教学的原理与规律为参考依据对教学过程进行设计。例如，教学内容的选择、教学方法与教学模式的运用、教学评价方法的设计等。

## 二、体育教学论的价值

### （一）有利于对体育教学本质的认识

体育教学是许多教学现象集合的一个整体，它具有相对的复杂性。与其他学科相比，体育教学现象更为复杂，正因为如此，体育教师要将体育教学的本质认清是有一定难度的，这使教师对体育教学活动的正确认识与评价受到制约。体育教学论能够帮助体育教师对体育教学现象进行准确的、科学的辨别与判断，从而促进体育教师能够在一定程度上认识体育教学本质。

### （二）有利于对体育教学要素之间的关系进行辨别

体育教学是一个庞大的教学系统，且具有复杂性，其涉及的教学因素有很多，如教学主客体、教学内容、教学方法、教学模式、教学环境等。为了使体育教学活动能够顺利进行与开展，体育教师有必要通过体育教学论来对体育教学要素进行分析与判断，将其中的关系厘清，并深入理解这些要素，进一步认识体育教学本质。

### （三）有利于对体育教学研究进行完善

在基础教育不断改革的过程中，体育教学的内容和内涵也在发生着深刻的变化。而且，随着体育教育与体育文化的不断革新，体育教学现象也逐渐复杂起来，一些新现象与新特点在体育教学中不断出现，但是人们无法解释这些现象，也无法解决这些新问题，这就需要通过对体育教学论的系统学习来解决这些问题，学习体育教学论后，体育教学理论将会日益完善。

### （四）有利于对体育教学实践进行指导

通常，总有一定的教学规律会隐藏在体育教学的各种现象中，如果能够对这些体育教学规律有一定的认识，并且在体育教学实践中参照这些规律，就可以取得良好的教学效果。体育教学论的学习有利于体育教师对体育教学规律的认识与掌握，从而增强其教学能力，使体育教学任务尽快完成。

### （五）有利于体育教学活动的顺利进行

国家推行体育新课程改革后，传统的教学理念已经不能满足新课改的需求，需要对其进行改革与创新，这主要是为了保证新课改后的教学目标顺利实现。通过学习体育教学论，体育教师能够与时俱进地熟悉与掌握新的教学理念，但要注意学习的规范性与系统性。

体育教学论能够促进体育教师教学能力的有效提高，可以指导教师在不同的教学阶段以现实情况为依据对教学内容、教学方法、教学模式、教学评价机制等做出正确的选择，以保证能够顺利实现体育教学目标。

体育教学论对体育教师教学理论水平的提升是非常有利的。学习体育教学论，能够帮助体育教师建立起科学的体育教学观，从而指导其运用体育教学观对体育教学的本质与规律进行充分的掌握，进而能够对最新的体育教学问题进行研究与把握，最终提高体育教学问题解决能力。

## 三、体育教学与美育

### （一）美在体育教学中的体现

在体育教学中，处处体现着美，包含着较为广泛的美的内容，具体来说，主要体现在以下四个方面。

1.教学环境的美

这里所说的教学环境主要是指包括场地、器材的选择和布置等在内的教学的主要外部条件。环境对人的活动会产生一定的影响，对于体育教学来说，周围环境的影响同样不容忽视。教学环境不仅是教学实施的必要条件，而且优美的教学环境能够带给学生美的感受，使学生享受美，从而促进学生学习兴趣的不断提高。除此之外，良好的教学环境还有利于学生克服紧张的心理、消除疲劳及理解和掌握技能等。

2.教学内容的美

在体育教学中，教学内容的美是特别重要的一个方面。究其原因，主要有二：一是在体育教学活动中，教学内容自身的地位很重要，也很突出；二是有很多美的因素在教学内容中有所反映。

美在体育教学内容中表现十分广泛，主要体现在两个方面：一是社会美、艺术美、自然美和科学美，这些美的因素源于人类文化知识体系；二是体育教师和学生在体育教学活动中加工过的美。但是，不管是哪一方面，都充分体现了美的存在。另外，体育教学中教学内容的美不仅指外在的形式美，还指内在的美。比如，崇高的理想和高尚的情操、坚强的意志和顽强的品质等。

3.教师和学生形态的美

教师和学生的形态，是指体育教师和学生在体育教学实践中所表现的行为方式的总和。具体来说，其主要包括师生的言行举止、面部表情等。形态美，也就是指教师和学生的行为举止、语言和仪表等所表现出来的美。在体育教学活动中，教师的形态美和学生的形态美两者之间相互联系、相互感染，特别是教师的形态美，对学生具有非常显著的牵引作用。

4.教学过程的美

体育教学过程的美主要体现在以下两个方面：一方面是在体育教学实践过程中体育教师与学生表现出来的活动，其具有创造性与丰富性；另一方面是体育教师和学生在教学活动中表现出来的美的形式。

在体育教学实践中，不仅要在整个教学过程中体现出教师的独特性和学生的个性，而且应具备教学的完整性、有序性、节奏性等。

## （二）美学在体育教学中所起的作用

1.能够使体育教育理论的研究更加深入、细致

现阶段，国内外有很多关于体育教学理论的研究，但是，从社会的政治经济制度和生产力的发展角度对教学进行研究的资料比较多。而从其他视角，如人的价值和自身发展进行研究的资料却很少。体育教学的任务并非只是把体育知识与技能传授给学生，同时还要对学生的内在进行良好的塑造和科学的培养，使学生能够全面发展。体育教学任务的完成离不开对学生进行美的教育。

2.能够使体育教学中情感激烈和个性陶冶被忽略的问题得到改善

现阶段，体育教学活动表现出一些鲜明的特征，其中主要的一个表现就是学校对知识传授、思想品德教育和技能提高的重视，对情感鼓励和个性熏陶的忽视。体育教学活动是包含教师的教与学生的学的双边活动。体育教师要以学生的现实状况为根据来对他们的个性进行有针对性的、有目的的培养，使学生对美的情感体验更加丰富。

3.能够使体育教学效应得到有效提高

在体育教学的实践过程中，体育教学效应的提高离不开美发挥的重要功能与作用，其主要表现在以下两个方面：

一方面，教师在展开具体课堂教学之前，需要仔细地备课，对体育教材进行认真钻研，在备课与钻研中体验教材中教学内容所表现出来的美，然后以此为基础采用具有创造性的教学方法，将自己所体会到的美充分展现给学生。

另一方面，体育教师在教学中发挥着主导作用，学生在这一条件下，能够进行创造性的学习，从而能够使自身在体育理论知识、具体动作技术、身体素质及情感、智力、思想品德等方面都获得一定的提高与发展。

## 四、体育教学与德育

### （一）体育教学与德育的关系

1.德育的实现要以体育教学为主要途径

促进学生身体素质水平的提高，使学生在身体与心理上得到全面的发展，把学生培养成为德、智、体、美、劳全面发展的优秀人才是体育教学的目标。从这一目

标中可以看出，在体育教学内容中，德育是其中之一。另外，体育教学实践中可以运用各种各样的教学形式，而且大都需要学生进行身体的练习才能实现这些教学形式运用的目的，而无论采用何种教学形式，都会从中体现出德育思想，因此对学生进行道德教育有利于教学任务的顺利完成和教学效果的大幅提高。

2. 体育教学质量的提高在一定程度上得益于德育

对学生进行道德教育，离不开体育教学这一重要的方式与途径。与此同时，体育教学质量的提高又是以道德教育为主要途径的。学生只有在一定程度上认识并理解了学习体育的效用，才能激发其学习体育的兴趣与热情，才能更好地促进体育教学活动的开展。在体育教学中实施德育，能够促进学生思想认识能力的不断提高，使学生有意识地端正自己的学习态度，从而充分认识到学习体育的重要性。

## （二）德育对体育教学的影响

在体育教学实践活动中，德育的影响主要体现为以下两个方面。

1. 对学生的全面发展有积极的影响

对学生实施道德教育，要充分结合理论与实践，以此来统一学生的理论与实践认知、身体与心理、思想与行为。而且要注意在德育过程中不断对学生的理想信念进行强化，使学生自身的知、学、行逐步统一，从而促进其体育实践能力和思想意识等的有机统一，使学生各方面都不断发展。

2. 能够扩大学生对他人及社会的影响

现阶段，社会在不断进步，经济也在日益发展，这就要求学生的综合素质都要提高，以此来适应社会发展的需要。与此同时，这也是与学校教育需要相适应的要求。在学校，对学生进行良好的道德教育，有利于扩大学生将来对他人及社会的积极影响。

## 五、体育教学与人的社会化

### （一）人的社会化概述

对于社会的生存与发展来说，人的社会化有着非常重要且较为深远的影响。

人的社会化，简单来说，就是社会将一个"自然人"教化为一个"社会人"的过程。

### （二）体育教学对人的社会化的影响

1.体育教学是培养社会角色的重要、有效途径

每个人只要在特定的社会生活，就会需要扮演不同的社会角色，不同的社会角色会促进人的社会化，加速人的社会化进程。人们在社会中需要学习很多与角色相关的内容，其中，与角色相关的权利及义务的学习，与角色相关的态度、情感和价值观及角色转变的学习等是比较重要的。体育教学在培养人的社会角色方面发挥着举足轻重的价值与功能，具体来说，体现在以下两个方面。

首先，学生在体育教学活动中可以充当多样化的角色。例如，学习中充当学生，比赛中充当运动员或裁判员，训练中充当教练员等，学生通过充当不同的角色参与到体育教学中，对学生对不同角色任务的了解，角色多样性和稳定性的理解，扮演角色技能的锻炼，角色的态度、情感及心理习惯和社会习惯的培养等都会产生非常积极的促进作用。

其次，在体育教学活动中，教师与学生通常使用的教学方法中包括教师的示范教学与学生的模仿学习。从学生的模仿学习来看，不管在课堂上教师传授怎样的教学内容，学生都能够采取这一学习方法。学生采用模仿学习法可以对其所扮演的种种角色的感受进行深刻体会，能够使自身的集体意识与社会意识得到进一步的强化，从而对自己的社会角色与位置能够有更加深入的认识，对自己所表现出的行为也会有所理解，进而提升自身的社会适应能力。

2.体育教学对学生良好个性的形成非常有利

一般情况下，有两个方面的因素会影响学生个性的形成与发展，即遗传因素和包括家庭、学校、社会等的社会环境因素。在学生良好个性的形成过程中，体育教学发挥着积极的影响与作用。体育教学活动中，学生进行体育学习往往需要有身体的直接参与，而且体育学习有着很强的开放性，经常会发生时空的转化，学生之间的沟通与联系也很频繁，这对学生学习效果的提高是非常有利的。由此可以看出，体育教学所具有的这些特征对学生良好个性的形成而言，比其他学科更能发挥积极的作用。而且，这对学生学习自主性的提高、良好意志品质的培养及集体主义价值观的建立也都有着积极的影响与作用。

# 第二节　体育教学的原则与方法

## 一、体育教学的原则

在高校体育教学过程中，有一定的教学原则需要教师与学生严格遵循，只有这样，才能顺利开展体育教学工作。

体育教学原则指的是在体育教学过程中，教师与学生一定要遵循的基本要求与指导，它是通过长期概括和总结体育教学经验而得出的。

### （一）专项教学原则

1.专项教学原则的基本依据

体育教学内容丰富，种类多样，不同内容的体育教学对学生的要求是不同的。因此，教师应结合体育教学项目的特点和规律开展体育教学，在促进学生基本身体素质提高的基础上，发展运动专项能力，提高运动水平。

2.专项教学原则的基本要求

体育教学的专项教学原则要求体育教师应重视学生专门性知觉的优先发展。体育运动通常是在具体的运动环境中进行的，以篮球为例，篮球运动围绕篮球、篮球场地及场地上的器材进行。运动过程中，学生对环境和器材的感知是专门性知觉发展的过程，其中手指、手腕对球的控制能力对篮球教学至关重要，因此，教师应重视学生对球控制能力的优先发展。

### （二）因材施教原则

1.因材施教原则的基本依据

作为体育教学的主体，学生之间具有共性与特性。共性体现在身体年龄阶段发育的稳定性和普遍性；特性则是每位学生受性别、遗传、生长环境、教育水平、认知能力等因素的影响，彼此之间存在差异，身心发展显现出很大区别，而具体到学生具备的体育运动能力的话，这种差异性可能更加明显，如有些学生的家长喜爱运动，所以从小就培养孩子参与体育运动或参加业余体育训练。这些孩子的运动水平往往超越同年龄段的孩子的平均水平而显得格外突出。因此，体育教学中应重视不同学生及同一学生不同阶段的差异，进行因材施教。

2.因材施教原则的基本要求

①引导学生正确对待个体上的差异。针对差异，如果利用得当，就是一个教育学生要互相帮助、培养团队意识和集体精神的好机会。不同学生的运动天赋和对体育的了解各有不同，要在体育教学中贯彻个体差异性的原则，就要求教师在充分了解学生个体差异性的基础上，向学生讲解个体差异的具体表现，并引导学生正确看待差异。

②深入细致地了解和研究学生之间的差异。一方面，教师要对学生个体的差异性进行全面的了解，这是贯彻个体差异性原则的前提条件。为此，教师可以在学期前进行一些测试或座谈交流，弄清学生在身体条件、兴趣爱好和运动技能等方面的差异。另一方面，教师应认识到学生个体差异并不是一成不变的，如有些学生在一开始的测评中被认为是没有很好的运动天赋，但是其本人非常热爱体育运动，在平时的课堂上也非常积极地配合教师完成各种教学内容，经过一段时间后学生就会取得突飞猛进的进步。对此，教师要有长远的眼光，要能发现学生在运动方面的天赋。

③重视学生个体差异性与统一要求的结合。在体育教学中，提高全体学生的综合素质是每个教师的目标，因此在制定教学目标时，都会考虑到目标的可行性，以满足大部分学生的要求。学生的个体差异是客观存在的，教师应在教学中充分重视这一点，但是体育教师也要立足整个班级的教学，对学生统一要求，以促进学生完成教学任务，达成体育教学目标。

### （三）合理安排运动负荷原则

1.合理安排运动负荷原则的基本依据

①人体发展的基本规律。学生在参与体育教学时，不管是身体练习还是运动技能的学习，都需要承受一定量的运动负荷。但人体在体育运动过程中的规律揭示了任何练习和教学都不是活动量越大越好，运动负荷过大，会对学生的身体健康造成不同程度的损害；运动负荷过小，不利于良好教学效果的取得。运动负荷的安排是否适宜得当，是检验一名体育教师水平高低的标准。

②不同学生生长发育的特殊性。大多数学生的身体尚处在生长发育期，身体各方面机能的发展还不完善，因此对体育教学的安排应既满足学生锻炼身体和掌握运动技能的需要又不至于使学生体能透支而出现危险情况。体育教师在为学生安排和设计体育教学活动量时，要以学生可以承受的身体负荷为依据。

2.合理安排运动负荷原则的基本要求

①运动负荷的安排要服从体育教学目标。体育教学的目标是培养学生健康的体魄和健康的心理素质，因此，基于这个目标可以认识到，体育教学不是为了让学生不断超越身体的极限挑战自我，也不是为了增加运动负荷而进行大运动量训练。

②运动负荷的安排要服从学生的身体需求。体育教学应为促进学生身体发展而服务，因此，体育教学中，运动负荷的大小应充分考虑学生的身体发展状况与需要，教师要合理地对运动负荷做出安排，就必须了解学生的身体发展情况（包括不同性别学生的生理差异、学生在不同生长发育阶段的特点等），运动负荷的安排要体现对学生身体的无伤害性，同时要有利于促进学生身体发展。

③运动负荷的安排要充分考虑学生之间共性与个性的关系，需要体育教师在运动负荷方面考虑周全。一方面，教师要从学生的整体情况来考虑。这个整体情况主要是指学生在相同年龄段有相对趋同性，因此他们的身体素质发展有类似的特点。另一方面，教师在整体趋同性的基础上，还要关注一些个人特殊情况，如对伤病学生的运动负荷安排应酌情减少。

④运动负荷的安排应为逐步提高学生自我控制运动负荷能力服务。体育教学虽然以学生参与身体练习为主，但是也不能忽视学生对体育理论知识方面的掌握，体育理论教学往往能够让学生更好地理解体育的意义，从而促使他们主动参与体育锻炼，而不是仅仅在课堂中参与。因此，体育教师应加强对学生体育运动理论知识方面的教育，提高学生判断运动负荷是否合理的基本能力，并使学生能在体育活动中自主调节运动负荷。

⑤体育教学中应重视合理休息。运动负荷的安排与休息方式、休息时间有关。科学合理地安排休息方式、休息时间和心理负荷，对顺利达到理想的体育锻炼效果有着重要作用。

## （四）全面发展原则

体育教学应以促进学生的身体锻炼为基础，促进学生身心的全面协调发展。

在体育教学中，除了促进学生身体健康外，还应将体育教学与心理学、美学和社会学等学科知识结合起来，全面促进学生智力、心理素质、美育（美）等多方面能力的发展，以培养适应社会主义现代化建设需要的人才。

1.全面发展原则的基本依据

①社会主义体育教学目的的需要。我国社会主义的性质，决定了体育教学具有明显的社会主义目的性，这就要求体育教学要为培养身体健壮的全面发展人才服务。因此，在体育教学中，要使学生身心双修。

②实现体育教学基本功能的需要。体育具有健身功能、教养与教育功能、休闲娱乐功能、促进个体社会化功能和美育功能等多种功能。由此可见，体育教学是集中实现体育多种功能的有效途径。

③学生发展的需要。在新的历史发展时期，学生的发展并不仅限于身体的发展，在思想、心理、智力、道德品质与行为、审美及表现美的能力等方面都应有所发展。

2.全面发展原则的基本要求

①在体育教学中，体育教师要对体育教学大纲（或课程标准）精神认真学习和领会，全面贯彻教学大纲（或课程标准）的目标和要求。

②体育教师应树立现代体育教学价值观念，用现代体育教学价值观去对体育教学质量做出评价与衡量。现代体育教学除了具有一定的生物学价值，还具有心理学、教育学、社会学及美学的价值。

③体育教师在制订各种体育教学工作计划和编写教案时，应在课堂中给予学生足够的身体练习时间，并在教学中重视学生的心理发展。

④在体育教学的准备、实施、复习、评价等阶段中，无论是制定教学任务、选择教学内容还是运用各种教学手段和方法，都应注意增强学生体质并促进其全面发展。

## 二、体育教学的方法

### （一）语言教学法

语言教学法即在教学活动中，教师通过对学生进行语言指导，从而达到相应的教学效果的方法。作为一名教师，能够正确、简明、形象地使用语言，对学生的学习和教学工作任务的完成具有重要的意义。正确地使用语言，不但能够使学生更好地理解相应的学习目标和任务，而且能够促进其对相应的知识和技能的快速掌握。

因此，在体育教学过程中，教师应注重语言法的运用，注重语言的技巧。一般学校体育教学中语言教学法的形式有口头汇报、口头评价及口令和指示等。

1. 口头汇报法

口头汇报法是教师了解教学效果的重要方法之一，这种方法要求学生根据教学需要，向教师表述学习心得和有关教学内容、方式和疑难问题等相关方面的问题。通过学生的口头汇报，能够使教师明确自身在教学过程中的不足，为教师提高和发展自身的教学水平提供相应的依据。对学生而言，通过这种方式不仅能够培养其语言表达能力，还能够促进其进行积极的思考，加深其对教学内容的理解。因此，在教学过程中安排相应的口头汇报不仅有助于教师和学生素质的提高，对教学质量的提升也有重要的促进作用。

2. 口头评价法

口头评价法也是一种重要的语言方法，对学生的动作完成情况及课堂表现给予相应的口头评价，能够更好地促进学生的学习。口头评价可分为两种：一种为积极的评价，另一种则是消极的评价。积极的评价即对学生的正面鼓励，它能够在一定程度上激发学生的积极性，促进教学活动更好地开展；消极的评价则是否定性的评价，这种评价往往指出学生的不足，明确其提高的方法和努力的方向，但用这种方式时应注意语气。

3. 口令和指示法

在体育教学过程中，需要借助多种口令和指示，如"立正""跑""转体"等。这些语言简短有力，能够很好地指导学生进行相应的技术动作的学练。但需要注意的是，运用这些口令和指示时，应注意把握其时机和节奏，否则会造成学生动作的不协调和出错。另外，还应注重发音的洪亮有力，不仅要使学生能够清楚地听到，还应给学生以势在必行之感。

（二）直观教学法

直观教学法是体育教学中较为常用的一种教学方法。通过相应的直观的方式作用于人体的感觉器官，引起相应的感知，从而实现体育教学目的。一般常用的直观教学法有动作示范、条件诱导、多媒体技术、直观教具和模型演示等。在实践过程中，人们认识事物时都是首先从感觉器官的感知开始的，因此，直观教学法能够使学生更易于理解相应的教学内容。

1.动作示范法

动作示范法指的是教师采取一些示范动作使学生对技术动作的形象、结构和要领进行掌握的基本方法。一般在进行动作示范时，教师可亲自示范，也可指定相应的学生示范。在采用动作示范方法时，应注重以下四个方面的问题。

①在进行动作示范时，应具有一定的目的性。如果是为了使学生了解动作的基本形象，示范动作可稍快；如果是为了使学生了解相应的动作结构，并引导学生进行学习，则师范动作应稍慢，可略夸张；如果是示范相应的重点和难点动作，可多示范几次。

②示范动作一定要注重其正确性，避免对学生形成误导。在进行相应的讲解时，不仅要注重内容的正确性，还要体现出教学内容的特点，并与学生的学习能力相适应，提高学生的学习兴趣。

③进行动作示范时，应使全体学生都能够看到。因此，可使学生呈圆圈形站立，或是错位站立。

④在进行动作示范时，一般会配合相应的讲解方法，使学生能够更好地理解。可采用先示范后讲解、边示范边讲解和先讲解后示范等方式。

2.条件诱导法

条件诱导法也是较为常用的一种教学方法，它以某种条件为诱因，并与相应的动作建立联系，从而达到相应的教学目的。例如，通过相应的音乐伴奏和喊节拍的方式，形成一定的动作节奏感；通过简单的语言提示使得学生的动作能够流畅进行。另外，也可设置相应的视觉标志，指示学生进行相应的动作方向和运动轨迹、幅度等方面的操作。

3.多媒体技术法

多媒体技术法主要包括电影、幻灯片、录像等。在运用电影、电视、录像时，应注意播放内容要与体育教学目标相适应，并有机结合电影、电视、录像进行讲解示范练习。多媒体技术虽然在教学过程中得到了普遍的运用，但是在体育教学过程中的应用并不广泛。这与体育教学在户外授课、器材运用不方便有很大的关系。

4.直观教具与模型演示法

在体育教学过程中，对于一些高难度的动作可采用图表、照片和模型等直观方法进行辅助教学。通过运用这些教学工具能够使学生更容易理解相应的技术结构和动作形象。另外，对于一些战术配合，也常采用模型演示的方式进行讲解。

## （三）完整教学法与分解教学法

### 1.完整教学法

完整教学法指的是从动作开始到结束，完整地进行教学和练习的方法。一般在技术动作的难度不是很高，或技术动作不可进行分解时，会采用完整教学法进行教学。另外，在首次进行动作示范时，也会采用完整教学法来进行动作技术形象的示范。完整教学法的优点在于动作协调优美、结构简单、方向路线变化较小，各动作之间具有密切的联系。其缺点在于对一些复杂的动作而言，采用这种教学方法会给教学带来一定的困难。为了便于学生进行学习，促进教学活动更好地开展，应注重以下四个方面的问题。

①在讲授一些简单和易于掌握的动作技术时，教师可以先进行完整的动作示范，然后由学生直接完成完整的动作练习。

②有些技术动作无法分解，这时要采用完整教学法。需要注意的是，在采用这种方法时，要对其中的各项要素进行必要的分析，如动作的用力、动作转变的时机等。但是，不能拘泥于动作的细节，要从整体上进行把握，确保动作的完整性和流畅性。

③对于一些高难度动作，可适当地降低其难度，先通过降低难度或是徒手完成相应的动作，在此基础上逐渐增加难度。需要注意的是，降低难度时，不能使技术动作出现错误，这是基本要求。在教学过程中，对一些器材的质量及高度、距离等标准可适当降低。

④采用完整教学法进行教学时，可适当改变外部的环境条件，在外力条件的帮助下完成相应的完整动作。

### 2.分解教学法

分解教学法即将完整的动作划分为几个部分，逐步使学生掌握完整的动作技术。这种方法适用于难度相对较高，并且动作可分解的运动项目。采用这种教学方法时，能够将复杂的动作分解为简单的动作，从而使技术难度降低，更加有利于学生的学习和掌握。但是，这种方法也有其相应的缺点，即它注重对局部动作的分解把握，可能在一定程度上使得学生对整体动作的理解不全面。因此，分解教学法和完整教学法通常结合使用。

在运用分解法进行教学时，应注意以下三个方面的问题。

①应仔细分析动作技术的特点，采用合理的方式对其进行分解，注重时间、空间等方面的有序性和统一性。

②将完整的技术动作分为多个环节时，应注重各个环节之间的联系，注重动作结构之间的联系。

③在熟练掌握各阶段的动作之后，要注重各个环节之间的动作衔接，要保证其过渡的流畅性，形成有机的整体。

### （四）游戏教学法与竞赛教学法

1.游戏教学法

游戏教学法也是体育教学过程中较为常用的一种方法，它是指教师组织学生通过做游戏的方式来完成相应的教学任务的方法。通过开展相应的游戏，使得学生之间开展竞争和合作，提升学生的思考和判断能力，促进教学质量的提升。游戏教学法具有一定的趣味性，能够提高学生参与的积极性，培养学生的学习兴趣，因此在体育教学中被广泛地运用。在运用游戏教学法时，应注重以下三个方面的问题。

①应根据教学目标和教学内容采取合适的游戏规则和游戏要求，确保游戏内容与教学内容相契合。

②采用游戏教学法时，学生需要遵守相应的规则。但是，应注重对学生的鼓励以充分发挥其主动性和创造性，通过开展相应的游戏引发和启迪学生的思考。

③教师应做好相应的评判动作，要做到公正、客观，避免挫伤学生参与体育学习的积极性。

2.竞赛教学法

竞赛教学法即在教学过程中，为了检验教学效果和提高学生的技术水平，组织学生进行比赛的方法。竞赛教学法将所学的技术动作应用于实践，能够使学生更好地掌握相应的技术动作。采用这种方法具有一定的竞争性和对抗性，学生需要承受较大的运动负荷。通过开展竞赛，能够培养学生的应变能力，对其心理素质和意志品质等方面的发展也能起到一定的促进作用。

采用竞赛教学法时，应注重以下两个方面的问题。

①开展竞赛时，应进行合理的组织，无论是个人赛还是小组之间的比赛，其实力应相对较为均衡。

②开展相应的竞赛时，学生应熟练地掌握相应的技术动作，并能够在比赛中很好地运用。

### （五）预防与纠错教学法

为了防止和纠正学生在练习过程中出现或可能出现的错误动作，教师在教学过程中经常采用预防与纠错教学法。在教学过程中，学生对于各种动作技术的掌握不标准和出错的状况是不可避免的，教师应正确对待，并注意进行有意识的引导和纠正。

预防和纠错是相互联系的。预防意味着具有一定的超前性，要求对于可能的错误动作进行积极的引导，并对其出错的原因进行分析；纠错具有鲜明的针对性，即针对学生的错误动作采取相应的纠正措施，并分析出错的原因。预防与纠错的具体方法有以下四种。

1.语言表述法

为了使学生建立起正确的动作概念，应注重动作细节与要点描述的准确性，使学生能够准确理解各技术动作的标准和结构顺序。通过这种方式，使学生建立正确的动作意识。

2.诱导练习法

为了使学生的动作准确无误，可采用诱导性的教学方法，使学生达到相应的教学要求。例如，学生在做肩肘倒立时，不能将腰腹部挺直，针对这种情况，可在垫子上方悬一吊球，让学生用脚尖触球，这样学生就可以挺直腰腹部了。

3.限制练习法

在进行相应的动作练习时，设置一定的限制条件，有助于错误动作的纠正。例如，在进行篮球投篮练习时，为了使学生的投篮动作更加协调、标准，可进行罚球线左右的投篮练习，使学生掌握正确的投篮方式。

4.自我暗示法

自我暗示法是一种重要的方法。它是指学生在进行相应的动作练习时，为了保证动作的准确性，在练习中有意识地暗示自己达到要求的方法。例如，在进行篮球的投篮练习时，学生可暗示自己投篮时手指、手腕的动作要标准，使得自身的投篮动作准确无误；再如，在奔跑练习中要暗示自己注意后腿充分蹬地。

## （六）体育教学的其他方法

除了上述的教学方法之外，在创新教学理念的影响下，一些其他教学类别的教学方式也逐渐被移植到体育教学之中，如合作学习法以及发现式教学法等。

1.合作学习法

合作学习法是指"在教学过程中，对学生进行相应的分组，学生为了完成共同的学习任务，而有明确的责任分工的互助性学习形式"。各小组成员根据自身的特点承担相应的责任，他们之间是相互依赖的关系，在相互协作中，完成相应的任务。在体育教学中，应用该方法应遵循以下六个步骤。

①在教师的引导下，学生结成相应的小组。

②全体成员在教师的指导下，根据教学内容确定相应的教学目标。

③确定各学习小组的研究课题，并对各小组成员之间的分工进行明确。

④小组成员合作学习，围绕相应的主题完成自身的任务，从而实现小组任务目标。

⑤各小组进行一定的学习和交流，分享相应的成果，并纠正自身的不足。

⑥对学习的过程进行评价，总结经验和得失，促进下次学习更好地开展。

2.发现式教学法

发现式教学法是通过积极引导学生发挥自己的创造性思维，使学生在发现的过程中进行学习的一种教学方法。有学者将其定义为：从"青少年学生的好奇、好动等心理特点出发，以发展学生的创造性思维为目标，以解决问题为中心，以机构化的教材为内容，使学生通过再发现进行学习的方法"。

# 第三节　现代体育教育新理念

随着我国高校体育教育的不断发展，体育教学水平要想更进一步上升到一个新的台阶，就需要在总结前人经验的基础上，引进国外先进的教育思想和教学模式，并结合我国的具体国情，不断加强体育教学的研究和创新，才能保持高校体育教学的先进性，促进体育教学更好地发展。

与以往旧的教育理念不同，现代教育理念更加注重人的自身的发展，强调现代教育是为人服务的，要"以人为本"。在这样的背景下，"健康第一""终身体育""以人为本"等教育理念都得到了很好的发展，体育教学只有建立在这些教育理念的基础上才能体现出时代性和先进性，从而得到进一步的发展。

## 一、"健康第一"的教育理念

### （一）"健康第一"教育思想树立的客观依据

"健康第一"的教育理念是符合现代社会及世界发展潮流的，这种崭新的、科学的教育理念必将得到弘扬与发展。

随着现代社会的不断发展和进步，世界上各个国家的综合实力都有了明显的提升，竞争也日趋激烈，竞争归根到底是专门人才和劳动者素质的竞争。对于一个国家来说，要想立于不败之地，就必须造就一大批高质量的专门人才，而这些人才不仅要具备丰富的知识和出色的能力，同时还要有一副健康的体魄。因此，在新的时代背景下，学校教育特别强调学生的身心发展，要求学生树立"健康第一"的教育理念与思想，从而不断促进其自身综合素质的发展与提高。

我国各学校相关部门要加强体育教育改革，总结经验与教训，加大学校体育教育工作的力度，从根本上促进学生身体素质的提高。大量的实践和事实表明，学生积极参与体育健身活动，不仅能有效地增强体质，还有利于心理健康的提高与发展，这对国家及整个社会的发展都是非常有益的。

### （二）健康教育的主要任务及目标

1.调整体育教学内容，普及科学的锻炼知识

健康教育的主要目标之一，就是增强学生的体质，使学生树立终身健康的意识，积极主动地参与体育锻炼。另外，高校体育教学应根据学生体质健康测试标准，并结合学校的具体实际，允许学生自由选择自己喜爱的体育项目，使他们自

愿参与到自己喜爱的运动项目中，从而掌握基本的健身方法和技能，进而树立终身体育锻炼的意识。

**2.进一步完善体育与健康教育体系**

体育是一门涵盖知识非常丰富的学科，在体育教学中渗透着体育人文学、运动人体学、健康教育学等内容，使人们的体育锻炼富有科学性和人文性，在体育教学中应不断提高学生对体育课的兴趣，使他们认识到体育健康教育的意义。另外，在体育教学中，还应增加促进学生身心健康发展的常识性内容，帮助学生建立和养成良好的作息习惯，并保持健康的心理状态，这对学生的健康发展具有重要的意义。

**3.学校教育要树立"健康第一"的指导思想**

随着现代社会的不断发展，竞争也日趋激烈，在这样激烈的竞争环境下，仅仅依靠丰富的知识和较高的智慧是不能适应这种变化的。在这样的时代背景下，"健康第一"的指导思想的提出，要求学校培养身体健康、心理稳定、拼搏竞争、团结协作的新型高素质人才。学校体育教育的理念应从以往单纯的"增强体质"为主转移到"健康第一"的新型发展观。

**4.高校体育教育要服务于学生体质健康**

"健康第一"的指导思想要求高校体育与健康教育的目的是增进学生的身心健康、增强体质、培养全面发展的合格人才。其中，运动技术是提高身体素质的手段，但学生同时也需要掌握体育保健的方法，养成自觉锻炼的习惯。

**5.高校体育要服务于学生心理健康发展**

在体育教育中，心理健康教育也是非常重要的一环。在社会主义市场经济体制下，竞争越来越激烈，来自社会各方面的因素，如学习、就业、恋爱、婚姻等都对学生造成了极大的心理压力，致使很多学生产生了各种各样的心理问题。因此，学校体育教育要高度重视大学生的心理健康教育。学校体育的组织形式须比较灵活，制定的体育锻炼目标要因人而异，能全方位地评价学生的体育能力，这对学生心理素质的提高是非常有帮助的。

**6.高校体育要服务于提高学生的社会适应能力**

作为一种独特的教育形式，体育教育能在一定的规则约束下，实行公平、公正、公开的竞赛，这对学生协调人际关系、增强团队的凝聚力、加强自我心理调节能力、培养社会责任感，以及遵守社会规范都有重要的意义。因此，在学校教育发展的过程中，应将学校体育作为一门重要的教育工具，并深入挖掘其蕴含的教育价值，这样才能充分贯彻"健康第一"的教育理念，促进学生综合素质的提高。

### （三）在健康体育理念影响下的具体实施途径探索

在新时期，学校体育要树立"健康第一"的指导思想，并将其贯穿学校工作的始终，这是新时期学校体育教育工作者应完成的重要任务。在"健康第一"的教育理念下，学校进行健康教育的途径要从以下四个方面重点考虑。

1.提高体育教师的综合素质

教师的综合素质对体育教育质量的提高具有重要的作用，现代体育教育要求体育教师不能只满足于以前知识培养的单一教学模式，而要具有一定的科研探索能力。这就要求体育教师掌握科学和人文两个方面的基本知识及扎实的体育基本功。体育教师要熟知信息科学、生命科学、环境科学等基础知识，了解体育教育的人文价值，掌握学生素质发展的规律，努力提高自身的综合素养。除此之外，体育教师还要树立终身学习的思想，适应不断发展与变化的社会。体育教育也需要与任课教师、学生、家长等有关人员合作，以产生协调效应。

在现代社会背景下，体育教学还要加强教师对教学的监控能力，主要括含教师按教学目的对教学活动的决策与设计能力，课堂组织能力和管理能力，评估学生知识、技能的能力等。体育教师应结合自己的实际经验，善于在工作中发现问题、探索问题、解决问题，努力提高自己的科研探索能力。

2.将体育、卫生、美育有机结合

进行健康教育，除了掌握基本的健身知识和体育能力外，还要求学生了解和掌握基本的营养、卫生等知识，将身体锻炼与卫生保健结合起来。因此，在学校体育教育中，还应加强学生的营养和卫生指导。目前，我国学校体育与卫生保健的结合取得了一定的成效，但还没有形成一个完善的体系。因此，在新时期，在体育教学中，要紧密结合学生生长发育与生活实际开展健康教育，使学生会自我保护，预防疾病。在日常学习和教育中，要把学生青春期教育和心理健康教育作为健康教育的重要内容来抓。应广泛开展多样的体育活动，丰富校园体育文化建设，使学生的体育生活充满生机。体育是健与美的有机结合，寓美育于体育之中，能丰富体育的内容和形式，使学生感受到体育运动的美，进而产生主动参与体育运动的兴趣，从而提高运动能力，增强自身综合素质。

3.培养学生的健康意识和行为，使其自觉参加体育锻炼

学校体育教学应从学校的实际情况出发，制定适合学生发展的体育教学大纲与教材，组织好学生参加体育运动锻炼。在上体育课时应注意适量，不应矫枉过正；在体育课外活动中应加强体育教师的指导力度；开展多种形式的体育比赛；有针对性地加强营养学、心理学、保健学、环保学、身心健康等方面的知识教育。

4.加强学生健康知识和锻炼方法的培养

体育教育要与社会体育资源相结合，培养学生运动特长，养成运动习惯。大学生参加体育锻炼，必须具备体育健康的知识和方法，这是非常重要的。在以往的体育教学中，大部分体育教师都过于重视运动技术的培养，而忽视了体育健康知识的传授，这在一定程度上导致了学生体育锻炼的盲目性，因此，对学生进行健康知识的培养和传授能有效避免这种情况的发生。另外，学校体育教育工作还应立足学校，放眼社会，多开设社会体育设施建设较好的项目，为终身体育的开展创造有利的条件。良好的、受学生欢迎的运动项目能提高学生锻炼的积极性，有助于其良好运动习惯的养成。

综上所述，在体育教学中应坚持以运动技术为主，同时重视健康知识和健身方法的传授，充分挖掘和开发受学生欢迎的体育运动项目，以培养和提高学生参与体育运动的兴趣，进而形成"终身体育"的意识。

## 二、"终身体育"的教育理念

健康体育和终身体育是大学体育教育非常重要的两项内容，这两个方面相互影响、协调推进，发展到现在，各个国家的学校教育都特别强调终身体育的重要性，由此可见，终身体育已成为世界体育发展的潮流。在高校体育教育中，高校应确立以学生健康为导向的体育观念，为学校的工作重心指明方向，使学生长期坚持体育锻炼，以达到终身体育的目的。

### (一)"终身体育"概述

所谓终身体育，是指人们在整个生命过程中所进行的科学的、有效的身体

锻炼和所受到的各种体育教育的总和，随着生命的诞生而开始，随着生命的消亡而结束，是人们对体育教育与锻炼存在的意义在理性思辨上的根本改变。简而言之，就是贯穿人类一生的体育活动或与生命具有共同外延的持续的体育教育过程。一般来说，终身体育教育的过程可以分为学前体育、学校体育和社会体育等三个教育层次，其中，高校体育教育是学校体育的重要组成部分，也是终身体育教育至关重要的一环。

随着现代社会的不断发展，竞争越来越激烈，这对大学生提出了更高的要求，要求其不仅要有知识、理想、道德，同时还要有健康的体魄和强大的心理。大量的实践已经表明，体育锻炼不但能使人们拥有强健的体魄，还能促进其心理健康水平的提高。有关数据表明，人们对自身身体的要求主要来自对健康的需求，这与高校提出的健康体育观遥相呼应，也为终身体育增添了新的动力，有利于终身体育观念的贯彻和实施。

21世纪，教育者要牢固树立终身体育锻炼的理念，以健康的身体素质和积极向上的精神风貌，不断提高个人的生活质量。当学生感受到体育运动的重要性时，又会积极主动地参与到体育锻炼中，进而形成良性循环，最终实现终身体育的目的。

## （二）终身体育的培养

### 1.要注重培养学生终身体育的意识

对学生进行终身体育的培养首先要增强学生的体育意识。现代心理学理论认为，行为是在认识事物的前提下，在引发动机和兴趣的基础上产生的。因此，在体育教学过程中，教师要帮助学生端正学习态度，树立正确的学习目标，建立良好的学习动机，激发他们主动学习体育的热情。另外，在加强体育技能培养的同时，也要抓好体育基础理论的学习，时刻强化学生终身体育的意识，以实现学生的体育价值。此外，学生终身体育意识的培养还可以与社会化相结合，以体育的体系化、社会化为目标，实现全民健身，以实现终身体育的社会价值。在具体的教学过程中，体育教师应树立使学生终身受益的目标，对每次课堂和课外活动提出相应的要求，以健身为目标，将素质、技能、知识、能力等教育内容渗透终身体育的意识。

另外，在体育教学中，还要加强体育教师综合素质的培养，这对学生形成体育意识具有十分重要的意义。体育教师应具备基本的职业素养、丰富的知识、先进的思想观念及健康的精神面貌。通过丰富多彩的教学方法，让学生通过体育锻炼，认识到终身体育锻炼的价值，促使学生积极主动地参与到体育锻炼中。

2.及时调整学校的体育目标

终身体育是高校体育教育思想的重要内容之一。根据社会的发展形势，单纯追求对学生有机体生物学的改造无法满足其内在自我实现的要求。在终身体育思想观念的影响下，高校体育的发展充满了活力，使学生的生命本身得到了改造。高校体育是实施终身体育的关键环节，它对发展学生的体能、心理等基本素质都有重要的作用和意义，能帮助学生最终实现终身受益的目的。发展到现在，高校体育已被视为终身体育锻炼的有机组成部分。因此，学校体育教育应树立强身育人的目标，贯穿终身教育的主线，在培养学生基本知识与技能的同时，促使学生认识到良好的终身体育教育的意义并培养这方面的能力。

3.培养和提高学生的思维能力

在体育教学中，不仅要培养学生学习体育知识和技能，同时还要培养学生多样性思维的能力。多样性思维是在个体处于复杂多样的环境下所进行的思维活动，在平时的体育教学中，要对学生进行单一思维和多样性思维的培养，经常对学生进行举一反三的思维训练。需要注意的是，思维训练要和技术训练、战术训练、心理训练等结合起来进行。

4.丰富学校体育教学的内容

目前，高校体育改革的目的在于使个体在有限的学生时期学习体育基础理论和基本技能，在以后的生活和工作中，能够自觉地进行体育锻炼，由此与终身体育紧密衔接起来。

为了进一步丰富体育教学的内容，高校体育课教学应进一步拓宽选修课的范围，可采取以下措施。

第一，教授交际舞、溜冰等学生乐于接受的体育项目。

第二，适当开展篮球、排球、乒乓球、足球、健美操等专项活动竞赛，并努力提高活动的趣味性。

第三，尽可能在课堂上安排耐久跑等锻炼内容，并视季节特点做出不同的安排。

第四，适当增加哑铃操和腰腹肌训练等方面的内容，增强学生的基本体能素质。

第五，引导学生关注体育热点，讲授体育竞技规则和裁判基本知识，对大型体育比赛的技巧等进行适时的解说。

第六，支持学生自行组织各种形式的体育比赛，全面培养学生的自我组织能力和参与运动的意识。

5.进行必要的体育检查与考核，充分调动学生终身体育的积极性

体育考核是检查和衡量体育教学效果的重要手段，在高校体育教学环节中起着非常重要的作用。通过考核的反馈作用，体育教师可以及时了解学生的学习效果，进而有针对性地采取教学措施和手段提高教学质量，同时还可以充分调动学生学习的主动性和积极性。可供体育教师利用的体育考核方法有很多，教师要灵活多变地加以运用，考核项目与考核标准因人而异，考核的目的不仅在于让学生最大限度地表现自己的体育技能，增强体质，调动终身体育教育的积极性，还在于增强学生的自信心，引导学生自觉地参与到体育锻炼中。

6.注重学生体育能力的培养

高校体育教育及改革的一个重要目的就是培养学生的体育能力。体育能力主要是指学生对体育科学活动适应和自身学习行为的心理调节能力，因此可以在体育锻炼中，形成锻炼身体的主动性和积极性，进而提高其运动能力。结合当前体育教育的特点及发展情况，应注意培养学生以下三个方面的能力：第一，自觉锻炼能力，学生能够熟练地运用已经掌握的体育知识、技能，形成体育锻炼的自觉性，养成终身体育的好习惯；第二，自我评价、自我管理和自我监督的能力，让学生对自己身体的具体情况有一个正确的认识和评价，及时调整运动计划；第三，适应自然环境和社会环境的能力，增强学生对疾病的抵抗力和免疫力，培养各方面的适应能力，提高运动锻炼的水平。

7.改善场地、器材和管理的条件

加大宣传力度，开展形式多样的课外体育活动。要进行体育锻炼，没有一定的场地、设施、设备是无法进行的，因此，高校应当完善体育器材和场地的管理制度，制定体育场地、器材配备的标准，为学生进行体育锻炼创造有利的条件。要充分利用广播、校报、校刊、校园网等宣传工具，或定期开展体育知识讲座、运动比赛等来宣传体育健康的基本知识、国内外的体育赛事等，激发学生主动参与体育锻炼的兴趣。培养大学生的终身体育意识，除了要以教学为核心外，还要加强其课外体育锻炼。通过各种各样的体育活动的举办，营造极向上的体育运动氛围，为学生的终身体育锻炼打下良好的基础。

### 三、"以人为本"的教育理念

#### （一）"以人为本"概述

"以人为本"的科学发展观及教育理念，对我国体育教育的发展具有重要的指导意义。"以人为本"中的"人"既是个体，又是群体，既具有自然属性，又拥有社会属性。高校体育教学要建立在"以人为本"的基础上，坚定不移地实施科教兴国战略和人才强国战略。

目前我国的教育思想，是建立在马克思主义及关于人的全面发展的理论基础上，结合中国的具体实际，形成的完整而科学的"以人为本"的教育价值取向。"以人为本"的教育思想对我国实施科教兴国战略及民族复兴都有重要的意义。

#### （二）"以人为本"教育理念的贯彻

进入21世纪，人才是关键，我国必须通过实施科教兴国战略和不断推进教育改革，从而实现人与社会的全面发展。现代社会的不断发展对高校体育教育提出了多种需求，因此各高校要贯彻落实科学发展观，构建社会主义和谐社会和在教学中贯彻以人为本的教育思想是新课程改革的必然要求。在新时期，贯彻"以人为本"的教育理念对学校体育教育的发展和体育人才的培养具有重要的意义。

大学教育要牢牢树立"以人为本"的观念，要不断充实办学资源，大力开展人才培养工作，尽可能地为学生创造良好的学习环境和氛围：本着对学生高度负责的原则，提供充足的教育教学资源以满足学生的发展需求；尊重学生的个体差异，促进学生的个性发展；完善培养方案，构建科学的课程体系；重视改变教学方式，增强教学的感染力、吸引力，激发学生的学习动机，调动他们学习的积极性。大学教育以人为本，首先就要关注学生的利益，树立为学生服务的观念，使学生获得个性与全面素质的共同发展。

进入21世纪以来，我国高等教育取得了快速的发展，体育教育也须顺应时代的潮流，不断革新教学观念，以科学的、合理的、人性化的教育观念有效促进大学体育的发展。高校学生在终身体育观念的引导下，在贯彻"以人为本"的科学发展观中得到了进一步的发展。

## （三）"以人为本"教育理念对我国高校体育改革的启示

1. 对学校体育价值的重新定位

现代体育教学中处处彰显着人文主义精神，这与弘扬人文精神的时代潮流是相适应的。众所周知，学校体育的根本出发点和落脚点是"育人"，但是长期以来，我国学校体育总是过多地关注"增强体质"而忽略了体育运动其他方面的价值。另外，随着现代社会的不断发展，实用主义对学校体育产生了重要的影响。学校忽略了对学生情感、个性等的培养，这不利于学生的全面发展。

学校体育的首要本质功能就是要增强学生的体质，但这并不是唯一的，学校体育还应在增强学生体质的基础上，进一步拓展体育教学的人文价值，建立多元化的体育教学价值体系。

2. 对学校体育目标的重新建构

通过对学校体育教学的现状及制约学校体育教学发展因素的分析，一些学者及专家逐渐认识到技术教育和体制教育并不能完全作为学校体育实践的重心，应该把重心从单纯地追求学生的外在技能水平提高向追求学生的全面协调发展转移。这些都体现出了我国在学校体育改革中更加注重学校体育目标的人文倾向。

3. 对学校体育课程内容的重新调整

我国的体育课程是处于不断变革与发展之中的，但是目前来看，体育课程内容还不能完全满足体育教师的需求。因此，在未来体育教学改革与发展的过程中，要对体育教学课程内容做一定的调整，以适应体育教学不断变化的需求。

①趣味性：在体育课程改革与发展的过程中，要充分利用学生的好奇心，激发其学习的积极性和主动性。

②创新性：体育课程内容还要为学生创新精神的发展提供广阔的空间。

③适用性：体育课程内容的设置要侧重于对学生的终身体育能力的培养，加强学生与社会和生活的联系。

④普及性：体育课程内容中对一些竞技体育项目中不适合该年龄阶段学生的技术要领、规则、器材和设施要进行相应的改造，以有利于学生参加运动健身。

4. 对学校体育教学的重新认识

在"以人为本"的教育理念下，出现了众多的教学观念，如成功体育、快乐体育和终身体育等，这些教育思想大都十分注重学生个性的培养、创新精神的培养及注重激发学生的学习积极性等。在体育教学改革的过程中，一些新的体育教学模式不断出现并得到了广泛的传播，如情境式教学、发现式教学、快乐式教学及创造式教学等。但如何将学生的被动学习变为主动学习、如何使学生获得良好的情感体验、如何发展学生的个性等问题，已经成为现代学校体育教学改革讨论的热点话题。

进入21世纪后，在"以人为本"的教育理念下，学生学习体育知识不再承受痛苦和沉重的负担，而是为了展现自我、弘扬个性、满足自身享受快乐的需要。在全球化的发展背景下，各种思想文化处在不断的发展和融合之中，因此体育教育理念和思想也呈现出多元化的发展趋势。在新的历史时期，我们应把握住机遇，加强体育教育理念的更新，从而促进体育教学的发展。

# 第二章　体育教学模式与方法的理论

## 第一节　体育教学模式的相关理论

### 一、高校体育教学模式的发展趋势

#### （一）体育教学模式的发展趋势

任何一种教学模式都应是一个不断变化、更新的系统，虽然某种模式一旦形成就具有稳定性，但这并不意味着其内部要素和非本质结构不发生变化。所以稳定是相对的、暂时的，而变化是绝对的，发展是必然的。随着体育教学改革的逐步深入，教学理论的发展和教学观念的更新，一定会对原有模式中各要素或结构进行调整、更新，不断注入新的内容，予以充实。

现代体育教学模式有以下发展趋势。

一是突出体育教学的发展性。现代体育教学给予学生的不只是知识、技术、技能，更重要的是赋予学生接受体育教育的兴趣、动机和能力，懂得体育的价值，形成体育意识，使之朝着"快乐化、生活化、终身化"的方向发展，这是当代体育教学模式的时代特色。如发展体育能力教学模式、发展学生个性教学模式等，都将培养学生的能力放到重要位置上，积极地探索如何发展学生的智慧潜力，掌握科学的思维方法，创造性地运用体育知识、技术、技能。

二是突出学生的主体地位。在体育教学模式的发展中，出现了由教师中心教学模式向师生合作、生生合作方向发展，强调学生主体地位的教学模式的发展变化。如成功体育教学模式、群体合作教学模式等，其鲜明的特征就是有机地统一教与学的活动，注重调动学生参与教学过程的能动性、积极性。现代体育教学模式在教学方法的设计、选择、运用上，在教学的组织，教学活动方式等方面，更加重视教法与学法的统一。教学过程中各类信息的传递方式由教师向学生的单向行为，扩展为教师与学生之间、学生与学生之间、学生与周围环境之间的多向行为，而且努力实现学生的学习主体地位，注重研究学生的学习方法，注重学生自我学习能力的培养。

三是突出体育教学的情感性。在现代教学模式的构建过程中，改变了传统的教学活动中片面强调智力因素的作用，忽视非智力因素对人的发展功能的影响，把培养学生对体育学习的兴趣、激发学生学习动机、树立正确的学习态度、养成良好的体育锻炼习惯放到了教学活动的重要位置。无论是教学方法的选择与运用、教学活动的组织与实施、教学效果的测验与评价，都应考虑学生的心理需要，注意有利于发挥非智力因素的作用，力争使学生在愉快、积极、向上的情绪体验中掌握知识，培养和发展能力。如情境教学模式、快乐体育教学模式，使教学过程具有复杂、新奇、趣味等特征，学生在一种浓厚的兴趣、强烈的动机、顽强的意志状态下学习和掌握体育知识技能，更能激发学生求知的内驱力，保证学生以最佳的情感投入体育教学中。

四是突出体育教学模式的多样性。随着体育教学改革的发展，体育教学实践的需要，新的教学思想层出不穷，借助多门学科的研究成果、技术和方法，构建了许多新的教学模式，出现多种体育教学模式并存的发展趋势。一些先进模式被引进体育教学中，先后出现了"发现学习模式""导学式教学模式""俱乐部制教学模式""合作教学模式""小集团竞争模式"等。任何一种教学模式，只能适合于特定的教学情境，每一种教学模式都有其自身的优点和不足。不同的体育教学模式不是排斥的，而是相互取长、借鉴、补充，发挥着各自特有的功能，为体育教学实践提供了选择体育教学模式的广阔余地。

五是突出体育教学模式的可操作性。体育教学模式的研究要有可操作性，突出表现在模式的操作程序上，要便于教师和学习者操作使用，能提供具体指导，否则就会造成教学理论与实践脱节。现代体育教学模式的建立，反映了在一定的教学思想和教学理论指导下，所构建的比较稳定的教学活动结构。这种结构就是按照现代教学的整体目标，将各种教学方法和教学手段按照教学目标要求，进行优化组合、综合运用，发挥教学方法和教学手段的整体功能。这也正是体育教学模式研究的趋势。

## （二）当代高校体育教学模式的发展趋势

### 1.突出学生"主体性"的发展趋势

健康体魄是青少年为祖国和人民服务的前提，是中华民族旺盛生命力的体现，学校教育要树立健康第一的指导思想。突出"健康第一"的理念，强调全面促进学生身心健康发展，体育课程目标实现了由单一的生物体育观到多维体育观的转变。现代教学方法与手段的综合运用，根据学生身心发展的规律及不同学生特点采用不同的体育教学方法，做到区别对待。现代高校体育教学模式的发展趋势是重视学生的参与性，即学生的主体性，培养学生参与体育的兴趣和能力，懂得体育的内涵，使体育朝"快乐化、生活化、终身化"的方向发展，强调人在参与运动过程中达到自身满足的目的，强调人的身体、心理和社会等方面素质得到提高的目的，这是当代体育教学模式的时代特色。

### 2.多种教学模式并存的发展趋势

体育课程内容发展的多样性，组织体育课程内容时打破了以往单一、固定的传统模式。高校体育课程的发展目标多样化势必导致多种体育教学模式并存的发展趋势，诸如"三段型"体育教学模式、"俱乐部型"体育教学模式、"分层次型"体育教学模式等。每一种教学模式存在于特定的教学情境，这就要对已有体育教学模式进行整合，将各种教学方法和手段按照教学目标要求进行优化组合、综合运用，倡导科学的理论，形成比较稳定的教学模式。

### 3."俱乐部型"教学模式将成为未来高校体育教学发展的主旋律

"俱乐部型"体育教学模式是一种新型的、较理想的体育教学模式，它最大的优越性在于从学生的角度考虑体育教育，使学生在接受体育时有选择权，使体育教学弹性化。这种"俱乐部型"体育教学模式，增强了大学生的体育意识，培养学生经常锻炼身体的习惯，使体育教学"课内外一体化"，这有利于把大学生的体育教育过程延伸到高等教育的全过程中，有利于提高大学生的运动技术水平。因此，从发展趋势来看，"俱乐部型"体育教学模式将是未来高校体育教学的主要模式。在高校体育教学中要给予大学生全方位的体育，即体能教育、健康教育、娱乐教育、竞技教育、心理卫生教育和生活技能教育等，以适应知识经济时代竞争激烈的特点。为此，在高校体育教学中，无论选择什么教学内容、教学方法，采取什么教学模式，制定何种体育教学评价标准等，都要从全面育人的观点出发。只有这样才能取得全方位的体育教学效果，提高学生的组织能力，培养学生锻炼的自觉性，进一步提高学生的体育能力。

## 二、体育教学模式的概念界定

### （一）教学模式

教学模式是在一定的教学思想指导下，围绕着教学活动中的某一主题，形成相对稳定的、系统化和理论化的教学范型，是为开展教学活动的一整套方法论体系。它实质上是在一定教学思想的指导下和丰富教学经验的基础上，为完成特定的教学目标和内容而围绕某一主题形成的稳定且简明的教学结构理论框架及具体可操作的实践活动方式。它是教学理论的具体化，又是教学经验的一种系统概括。

### （二）体育教学模式

体育教学模式与教学模式两者之间就其内涵来讲并无本质差异，体育教学模式是教学模式的学科体现。体育教学模式是体育教学组织活动的一整套方法论体系，是在一定体育教学思想或体育教学理论指导下，为实现特定体育教学目标而设计的、相对稳定的体育教学活动程序，是联系体育教学理论和体育教学实践的纽带和桥梁，主要体现在教学单元和学时教学的设计和实施上。

## 三、体育教学模式的构成要素分析

体育教学模式存在于一定的空间和时间之中，在空间上表现为一定的体育教学理论和思想、体育教学目标、教师与学生在教学活动中的地位及相互关系；在时间上表现为如何安排教师教与学生学的活动。不同的教学理论、教学目标，对师生的不同安排就构成了不同的体育教学模式。因此，体育教学模式的基本结构因素如下。

### （一）指导思想

教学理论或教学思想是教学模式的深层构成要素，任何体育教学模式都是在一定教学思想或理论指导下提出来的，它是建立各种体育教学模式的理论基础和思想内核，也是区别不同教学模式的重要依据，它反映了模式的内在特征。它在体育教学模式中是个独立的因素，又渗透在其他因素之中。

## （二）教学目标

教学目标指教学模式所能达到的教学结果，是教师对某项教学活动在学生身上将产生的效果所做出的预先估计。任何教学模式总是为了完成特定的教学目标而设计的，它使主题更进一步具体化，在教学模式的构成因素中居于核心地位，对其他因素有制约作用，也是教学评价的标准和尺度。如群体合作教学模式的教学目标是改善课堂教学的心理气氛，全面提高体育教学质量。

## （三）操作程序

操作程序指体育教学在时间上展开的逻辑步骤及每个步骤的主要做法等。任何体育教学模式都有一套独特的操作程序和步骤。由于体育教学过程中既有教材内容的展开顺序、教学方法交替运用的顺序，又有内在的复杂的心理活动顺序，一般是从不同侧面提出教学活动的基本阶段及其逻辑顺序。操作程序只能是基本的和相对稳定的，而不是僵化的和一成不变的。如情境教学模式，其操作程序是"设置情境—引发运动兴趣—体验情节—运动乐趣—还原"五个步骤。

## （四）实现条件

实现条件指促使体育教学模式发挥效力的各种条件（教师、学生、教学内容、教学手段、时间、空间等）的最佳组合和最好方案。策略是体育教学过程中教师和学生所采用的教学方式、方法、措施的总和。要保证模式的程序在执行时的可靠性，提出的策略必须是清晰、确切的。

## （五）效果评价

效果评价是指评价的方法、标准等。由于各种教学模式在目标、操作程序、实现条件上的不同，因而评价的方法和标准也不同，即每种体育教学模式一般都有适合自己特点的评价方法和标准。如群体合作教学模式评价因素不同于标准化的评价，它的评价标准是采用计算个人和小组合计总分的评价方式。每一种教学模式具备自己独特的评价标准和方式，这样才能完成反馈过程，以便及时修正，提高教学模式的应用效果。

上述诸要素相互联系、相互制约，共同构成了一定的体育教学模式。至于教学模式中各要素的具体内容，则因教学模式的不同而有所差异。其中，指导思想是教学模式得以建立的价值基础依据，它对其他要素起着导向作用；教学目标是教学模式的核心，它制约着操作程序、师生组合、内容和条件等，也是教学评价的标准和尺度；操作程序是教学模型实施的环节和步骤；实现条件是保证模式的程序在执行时的可靠性；效果评价能使我们了解教学目标的达成度，并对活动过程进行反馈和监控，对操作程序和师生活动方式等进行调整或重组，使教学模式能更为有效地达到教学目标。一般来说，教学模式都包括这些基本的因素。

## 四、体育教学模式的特征分析

随着体育教学理论研究与教学实践的发展，出现了多种多样的体育教学模式。有的着眼于师生关系，有的着眼于教学目标，有的着眼于教学方法和手段，有的着眼于教学的程序，有的着眼于教学内容，有的则综合考虑了教学过程的各种因素。由于着眼点和侧重点有所不同，所以每种体育教学模式都有自己特定的适用范围与条件，有些教学模式的适用范围较广，而有些则只适用于较特殊的教学情境中。尽管体育教学模式的种类繁多，但它们具都有一些共同的特点。

### （一）整体性

教学模式从整体上考虑教学的基本框架，既要研究教学各要素（教师、学生、教材、场地器材等）组合的内在关系，又要分析影响教学的外在因素（时间、气候等），以便综合地考虑体育教学目标的确立、教材和教学策略的选择、师生活动的规范等一系列问题，进而建构其基本的教学框架，并通过教学实践的检验调整与修正，以确立能够取得优效性教学效果的基本模式。

### （二）操作性

由于体育教学模式在实验中经过了不断提炼和精心加工，其结构更加具体明了，而有些教学模式本身就是从长期的教学实践经验概括而来，因此，与教学理论或教学思想相比，它更具有实践意义和可操作性。

### （三）简明性

体育教学模式的结构和操作体系是以精练的语言、象征的图像、明确的符号，去概括和表达体育教学过程。这样，既能使那些零乱纷繁的实际经验理论化，又能在人的头脑中形成一个比抽象理论更为具体的、简明的框架。

### （四）优效性

体育教学模式一般都是从众多体育教学活动方式中提炼出来的、经过优选的一种模式。体育教学模式应具有特有的效力，既便于操作，又利于提高教学效率。优效性是体育教学模式的生命所在。如果一个教学模式不是优效的，就会被淘汰。

## 五、体育教学模式的功能分析

运用体育教学模式有利于改变教学理论和实际相脱离的状况。从体育教学模式的功能来说，总的可以概括为以下四个方面：

### （一）中介功能

体育教学模式是体育教学理论和体育教学实践之间承上启下的"中介"，它既是一定的体育教学指导思想、体育教学相关理论的具体体现，又能为体育教师提供具体的操作程序和操作策略，以便开展教学活动。尤其是对具体的操作策略的制定，显得相当重要，因为操作程序虽有一定的共性，但体育教学活动与其他教学活动不一样，室外环境受干扰因素多，学生体育基础不一，练习的效果也不一样，因此体育教师应在一定的外在条件和环境变化情况下对操作程序进行相应的调整，制定不同情境中的体育教学操作策略，这样才能有的放矢，达到更好的效果。

### （二）简化功能

体育教学活动具有特殊性和复杂性，这种特殊性和复杂性仅靠人们的思辨和文字的方式去处理显然是不完全的。如果采用图示去揭示各系统之间的次序及其作用和相互关系，就可使人们对事物有一个整体的形象。因此，从客观上看它是符合现代体育教学任务的，既重视体育知识的学习，又注重体育技术、体育技能的学习与掌握；既着重于学生的学习目标，又着眼于教师的设计方案；既反映教学理念，又注重具体的操作策略，因此它具有可操作性，具有一套比较完整的结构和机制。它比抽象理论更具体、简化，为体育教师提供了基本框架，接近教学实际，易被教师理解、选用与操作。

### （三）预测功能

体育教学模式是建立在体育教学内在规律及逻辑关系的基础上的，因此，它可以帮助人们对体育教学的进程或结果进行推断，至少可以根据其内在规律来估计各种不同结局，甚至可以建立其假说，当一个模式建立后，可以根据其内在、本质的规律及其现象来完成推断功能。如快乐体育教学模式，注重的是学生在愉快中学习体育，并感受体育活动的快乐，同时学会一种基本的运动技能，为终身体育打好基础，但若在教学中并没有达到这种预期的目标，那么就应做相应的调整，若达到了，则与事先的预测相吻合，证明理论与实践相统一。

### （四）调节功能

根据具体的教学条件、环境，具体的教学指导思想而安排好的体育教学模式最终要受到实践的检验，如在具体的操作过程中，某种具体的教学模式并没有达到教学目标，则应对操作过程中的各环节、各因素进行具体的分析，分析其中的利弊，找出原因，从而为下一阶段的教学程序设计与实践操作打好基础，这就是体育教学模式的调节功能。

## 六、体育教学模式的归类分析

分类是研究教学模式的主要手段，它集中反映了研究者对教学模式性质的基本认识，也直接体现了研究的内容和方法。依据教学模式分类的理论，结合体育教学的特殊性，在总结体育教学模式研究成果的基础上，进行如下归类分析。

### （一）按教学理论分类

按蕴含现代教育理论分类，体育教学模式蕴含着先进的教育理论、教育思想和教育观念，这是构成体育教学模式的内核。依据其内容，构架具有该模式研究特点的教学策略。应该说，现代教育理论在体育教学中的应用反映了当今学校教育的人才观、素质观及先进的教学思想和教学理论，这一点也正反映了我国体育教学模式研究所追求的质量效益观。现代教育理论给我们提供了较丰富的理论资源，如国外的掌握学习、程序学习、发现学习、范例学习、系统学习、发展教学、合作学习、终身教育。国内的自学辅导、引导发现、示范模仿、集体教学、俱乐部等，突出了当代教育思想的主题，如面向全体学生、以学生为主体、个性发展、和谐发展、创造教育、发展能力等素质教育思想。体育教学模式蕴含着大量的现代教育思想和教育理论，能够较好地将在其他教育教学实践中创造的研究成果通过移植应用到体育教学实践中。

## （二）按体育教学目标分类

在建立体育教学模式目标理论体现多元化的构想时，从实际应用过程看，却有明显的侧重，即一次课突出某一目标是符合教学实际的。由此出现下列分类：以锻炼身体、提高身体素质为主的教学模式，如发展运动能力、定向教学、处方教学；以传授体育知识、技术和技能为主的教学模式，如教师传授式、自学辅导式、引导发现式、程序教学等；以激发学生学习兴趣为主的教学模式，如快乐教学式、情境教学式、愉快教学式等；以自我健身体验乐趣为主的教学模式，如同步教学式、俱乐部式、小群体式等；以培养学生体育能力为主的教学模式，如思维教学、掌握教学、程序教学、范例教学、发现教学、自学辅导、合作教学等。

## （三）按体育教学方法分类

教学模式被看作教学过程和教学方法的中介和桥梁，教育理论向教学实践转化的途径和方法。教学方法的优化是体育教学模式研究的一个特征，教学方法按一定的理论指导，按确定的教学目标进行合理的组合，以发挥体育教学方法系统整体功能与综合效果，是体育教学模式一个重要的要素。运用现代教育技术学习模式，如电化教学、计算机辅助教学、网上教学、课件教学、欣赏教学等；交互式学习模式，如讨论法、谈话法、协同法、学导式教学法等；策略学习模式，如发现法、暗示教学法、启发教学法、探究研究法；自主学习模式，如自练法、自我观察法、自我比较法、自我评价法等；情境式教学模式，如竞赛法、游戏法、模拟环境教学、现场体验法等；讨论式教学模式，如观摩讨论法、集体学习法、合作教学法等。

## （四）按教学组织形式分类

体育教学模式体系建立对深化教学改革具有十分重要的指导意义，从体育教学模式研究的现状来看，不同特点的模式反映构建体育教学模式的指导思想，同时也反映教学的策略。其实践意义在于应用指导体育教学实践，更好地为改进体育教学、提高教育教学质量，提供可选择的体育教学模式库，这是这类模式分类的意义所在。集体学习模式，如小群体教学、大体育课教学、团体教学、班级教学等；个别化学习模式，如自主教学、交互教学、个别化指导教学、策略教学等；合作式学习模式，如师生合作教学、师师合作教学、生生合作学习等；俱乐部式教学模式，如课内俱乐部模式、课外俱乐部模式、课内与课外结合俱乐部模式；课内课外一体化教学模式，如课内与课外一体化、课外活动和社会一体化、学校与社会一体化。按教学组织形式分类，实际上是依据体育组织结构的变化，反映了现代体育教育观念的更新和现代教育思想上的渗透。

## （五）按课类型分类

归纳我国学者教学模式理论研究成果，大体上分为教学过程范畴和教学结构范畴，就其教学结构而言，是指事物各要素之间的组织规律和形式。在体育教学研究中，教学结构实质是教学过程中的教师、学生、教材三个基本要素的组合关系。有的学者也从教学构成中的各个阶段、环节、步骤等要素的组合关系来进行分类。所以，我们按课的类型理论将体育教学模式分为五种类型，即理论学习模式，如讲授教学、专题教学、讨论教学、答疑教学、欣赏教学等；新授课学习模式，如目标教学、程序教学、范例教学、创造教学、发现教学等；复习课学习模式，如同步教学、自主教学、合作教学等；素质课学习模式，如处方教学、愉快教学、快乐教学、定向教学等；考试课学习模式，如标准评价模式，包括教师评价、自我评价、学生间互评等。

# 第二节 体育教学模式的整体优化

## 一、高校体育教学模式的选择与构建

### （一）体育教学模式的选择

目前多种体育教学模式的存在是有其合理性的，至于不同的高校采取哪种体育教学模式，以及如何完善、改进现存的体育教学模式，都取决于教学实践中的需要，以及教师与学生在教学实践中提出的合理性、可行性意见与建议。毕竟实践才是检验真理的唯一标准。

大学生对于现行的体育教学模式是有自己的意见与想法的，他们希望学校在大学四年中尽量增加体育教学的时长与次数，希望在高年级仍然能够参加体育课的学习，即使是以选修课的形式。所以，仅从这一方面来讲，上述现行的体育教学模式中，"二段型""三段型"教学模式能够在大学四年中为大学生提供体育选修学习的机会，至少是符合大学生的学习愿望的。而单纯从迎合大学生的个性方面考虑，结合国外的一些做法，"俱乐部型""体育超市"这些新兴的模式是比较受新潮的大学生欢迎的，而且也是目前大学生的消费水平与能力基本能够承担和接受的。但是"俱乐部型""体育超市"教学模式中往往有一些比较新兴的体育项目是受到大学生追捧或喜爱的，为此，就给准备实施或已经实施这类模式的高校带来了培训或者引进人才的问题。为了满足当代大学生的需求，必须不断增设新兴体育项目，教师必须不断进行业务培训与进修，必须不断完善体育设施及器材，这是高校体育改革和发展的必要条件。

为了适应新的体育教学模式带来的挑战，体育教师应不断钻研业务、加强学习，提高业务水平和科研能力，更好地为体育选修课教学服务。目前国内部分高校开设的交谊舞、啦啦舞、瑜伽、攀岩、健美、形体训练、围棋、皮划艇、定向运动、舞龙、舞狮等课程都是一些新兴项目，这些项目的学习、培训需要有学校的大力支持及体育部领导的审时度势，有条件的及时上，条件不充分的改进以后上，没有条件的创造条件上。这不仅是增加几门课次的问题，而是牵涉到大学营造浓厚的校园文化氛围、提高精神文明建设、培养学生终身体育意识、提高体育素养的重要方面。

### （二）体育教学模式的构建

1.现代体育教学模式的特征

综合国内相关研究成果，总结出现代体育教学模式应体现以下特征。

①全面性。高校体育教学模式有一套系统的结构，在实施当中必须遵循教学规律，即学生的认知规律、运动技能形成规律、运动负荷规律、情感体验等，只有理论成熟了才能指导其实践教学，两者相互作用，最后系统形成一个完美的体育教学模式。在教学观、教学目标、教学方法、教学手段等方面要比传统的教学模式有所发展，教学目标要更全面。

②稳定性。一套完整的高校体育教学模式是在理论或教学思想上提出来，然后经过反复的实践证明，所以它具有相对的稳定性。它是教学实践活动的理论概括，在一定程度上揭示了教学活动，带有普遍规律性。它不涉及具体的学科内容，只是为教师提供了一个教学行为框架，通过运行相应的教学方法体系，使教学过程具有很强的操作性并实现程式化，便于教师在课堂上有章可循、运用自如。

③多元性。现代体育教学模式要符合和体现现代先进教育思想和教育理论要求，具有可行性和推广性；多元性、灵活性是现代体育教学模式其他两个主要特征，不同的教学内容、不同性别、不同年龄层次等都有自身的特性。体育教学评价应朝着多样性、综合性、过程评价与终结评价、自我评价与集体评价方向发展。因此，应注重统一性与灵活性相结合，建立多元的新型课堂教学模式。

④针对性。任何一种体育教学模式都不是万能的，它有一个适用范围，由于现在高校体育的教学目标、教学内容、教学评价都呈现出多元化的局面，决定了其教学模式的多样性，所以高校体育教学模式要根据教学的指导思想及所处地域和学校实际的特点来确定适用范围，使教学模式具有很强的针对性，一味追求体育教学模式的"万能钥匙"是不客观的。特定的教学模式要达到特定的教学效果，因此，每一种教学模式都要有其明确的效果评价的标准。

这样的体育教学模式将符合新一代青少年群体的生理与心理特点，有助于激发大学生积极参与体育锻炼的内部动机，满足他们的多样性需求，有利于大学生长期坚持体育锻炼，使体育学习由一种被动学习变为一种主动行为，变"要我练"为"我要练"，使之觉得一天不锻炼浑身不舒服，真正成为一种自觉的行动，这是体育教学应该达到的效果。未来的普通高校体育将根据新的教学理念构建新的体育教学模式，在实践中不断发展创新。同时，积极吸收和借鉴国外的先进教学理念，不断完善自己，使我们的体育教学充满生机与活力。

2.运动技能教学的特征

纵观国内有关体育教学改革的有关成果，表明大学生参与体育锻炼的一个主要动机就是在当前的教育制度下，许多学生为了学分、考勤和体育成绩被动地参加体育活动和身体锻炼；还有一些学生是迫于教师、父母和好朋友的要求和期望。这类被称为制度和服从的外部动机与锻炼行为有较强的负相关关系，外部动机不利于锻炼行为。

因此，在运动技能的教学中应激发大学生的内部动机（乐趣、能力、外貌、健康和社交），削弱外部动机带来的不良影响。现代运动技能的教学不能仅仅满足某项技术的教学，更重要的是要学生学会自己进行体育锻炼的方法、学会用理论指导实践，同时根据个人的实际情况状况，编制个人锻炼计划，科学地进行体育锻炼。

3.体育教学评价体系的特征

在高校体育教学评价中，人们不知不觉地运用传统的方法对事物进行评价和判断。目前，我国普通高校采用较多的评价方法就是定量评价、终结性评价和绝对评价。

定量评价比较适合对学生的体能和运动技能做出评价，但忽视了不可量化的内容，如学生的学习态度、情意表现、合作精神、健康行为等方面的内容。

终结性评价是在体育教学活动结束时进行的评价，如期末的考核、考试等，目的是考查学生完成学习目标的程度，注重的是教学效果，主要是为了判定最终的学习成果，并做出成绩评定。然而，由于这种评价方法是在阶段学习或学期末结束时进行，因而失去了评价的反馈功能，对激励学生学习、提高教学效果的教学意义不大。

绝对评价又忽视了学生在体育方面的先天性差异，对学生的自尊心是一个不小的伤害。

在高校体育教学评价中，评价的主体具有广泛性，学校的领导、教师，甚至学生都可以成为教学评价的主体。目前，高校体育评价的主体主要是教师，学生的自评和学生间互评还没有真正纳入评价中，这就造成了评价的片面性和评价主体的单一性。

有学者指出，随着由"应试教育"向"素质教育"的转轨，高校体育也应从学校的"阶段体育"向"终身体育"转变，从片面的生物学评价或运动技术评价向综合性评价转变。21世纪的学校体育教学将朝着现代化、全面化、自主化、终身化、开放化和多元化的方向发展。高校体育在素质教育中，不仅要有效地提高学生身心素质与体育文化素养，而且还要发挥自己的特殊作用。这就需要构建科学合理的教学评价体系。绝对评价和相对评价相结合、过程评价和终结评价相结合，采用"多因素综合评价法"，把学生的学习态度、出勤、理论知识考试、技评、达标、学生的进步幅度纳入评价体系中，实现理论与实践、技术与能力、态度与效果相结合的形式。

科学的体育教学评价是实现体育教学改革和发展的保证，也是提高体育教学质量的有效手段。我们应当尽快淘汰单一的刚性评价体系，建立起合乎人性化的多元弹性评价机制。

4.体育教师教学风格的特征

构建新型体育教学模式是当代普通高校体育教育改革的趋势，最大限度地挖掘高校体育资源，优化体育教学结构，是实现高校体育教育功能的重要前提，同时也是体育教师生存和发展依托的平台。体育教师必须认真思考高校教育改革给体育教学所带来的冲击，同时也应看到它所带来的机遇，转变更新教育观念、重新整合知识结构、探寻新的教学方法和手段，以适应新形势下对体育教学更高的要求。如何形成适合自己、学生喜欢的教学风格便是摆在眼前的一个现实课题。

独特的个人教学风格，是教师进入高层次体育教学境界的重要标志。所谓教学风格，就是在达到相同目的的前提下，教师根据各自的优势、特长，结合教学的具体情况，经常采用的一整套个性化的独特教法。教学风格不仅表现教师的教学思想、教学技巧等内在内容，而且还表现教师教学行为的外部特征。教学风格的形成是在长期的体育教学实践中进行艰苦的探索，是教学一般规律与个人具体教学实践相结合的产物，是教学内容与教师灵感的交融升华，是教师个人创造性思维的结晶。

作为一名体育教师，如何才能尽快形成自己独特的教学风格呢？研究者认为，除了应具备良好的政治思想、专业技能、文化素养及自身特点外，还应根据不同的教学对象、内容、条件和环境，有意识、有目的地不断探索适合于自身情况的"最佳教学模式"。这就需要根据自己的知识结构、文化素养、气质类型及治学领域的不同特点确立个人的教学风格。

## 二、高校体育教学模式整体优化研究

随着人类文化知识的不断积累和科学技术的不断进步，体育知识的总量也在不断增加，但是，学生在校的学习时间却是相对固定和有限的。怎样才能在最短的时间内使学生掌握更多的体育知识、技术和技能，达到增强体质、发展个性的目的就成为我们面临的重要课题。怎样才能提高教学活动的效率，使教学目标、教学内容、教学方法、教学组织、教学评价等因素合理地组成一个闭环通路，使体育教学模式能在畅通无阻的通道上运行，把教学活动的结构协调起来、功能调动起来，等等，所有这些问题都须通过体育教学模式的优化加以解决。同时，随着体育教学理论的不断丰富，体育教学理论研究的不断深入，出现了多元化的体育教学模式，在体育教学中选择和应用体育教学模式，实现体育教学目标，也需要对多元化的体育教学模式进行整体优化。通过对体育教学模式的初步认识，不难发现其"要素—结构—功能"的基本特征，这给我们提供了"优化体育教学模式各要素—运用系统方法整体把握各要素—创立或优选结构—形成体育教学模式整体优化"的基本思路。

### （一）体育教学模式整体优化的概念

体育教学模式的整体优化是指体育教师运用综合性观点，在对体育教学模式分析和综合的基础上，通过优选体育教学模式方案和科学地组织体育教学，在已有的物质基础条件下用最少的时间和精力获取最佳的体育教学效果。

### （二）体育教学模式整体优化的原则

系统科学理论的思想和巴班斯基的教学优化理论指出，整体优化体育教学模式时，应遵循以下原则。

1.关联性原则

用联系的观点分析体育教学模式的结构和功能，可以发现体育教学模式存在着多种多样的内在和外在联系。其中主要有因果联系、发展联系和控制联系。

因果联系是指体育教学模式中设计和操作与效果之间存在着一定的相互依存关系，因此，在体育教学模式实施中及其结束之后，要不断地分析和研究各种现象之间的因果联系，寻求体育教学模式中的某些因素之间存在的本质的必然联系，并用这种联系达到体育教学效果优化的目的。

发展联系是指体育教学模式本身就是一个发展过程，学生在教师影响下所产生的对掌握一定知识、技能、技巧的需求和满足这种需求的实际可能性之间的矛盾，是体育教学模式内部发展所固有的矛盾，这是推动体育教学模式不断前进的动力。因此，体育教学模式要充分发挥教师的主导作用，充分考虑学生的主体地位，精心选择教学内容、方法、形式和手段，以实现学生的身心发展。

控制联系是指实施体育教学模式是一个控制和自我控制学习认识活动的过程。表现在教师对学生学习活动的计划、组织和检查工作上，反映在体育教师教学的主导作用上。对体育教学模式操作控制太严，会压抑学生学习的主动性、独立性、创造性和学生自我控制能力的发挥；对体育教学模式控制太松，则会降低教师在教学中的主导作用，不利于学生主体地位的体现，影响学习效果。把握合适的尺度，寻求教与学控制之间的优化组合点是关键。

2.综合性原则

体育教学内容的执行和体育教学目标的实现均建立在优选的体育教学模式基础上才能完成。而体育教学是一个复杂的系统，涉及的因素比较多，如教材的难度、场馆的设施、教师的亲和力、学生的基础、天气的变化、环境的清洁等，这些因素都可能成为选择体育教学模式的关键点，所以在体育教学模式制定中要以综合的观点处理这些问题，优选体育教学模式方案，优化评价标准，综合思考体育教学模式的优化原则。

## （三）体育教学模式整体优化的标准

任何研究都应当有明确而具体的标准，只有这样，研究者才能按照这些标准来评价所提出整套措施或者一定教学方法的优化程度。由于体育教学模式的指导思想、教学目标、操作程序等各不相同，体育教学模式优化的标准是最难制定的。从体育教学理论和思想上看，不论是传统的还是创新的，对体育教学都有一定的要求，都要对体育课堂教学和体育教学模式提出具体的要求，这些要求也正是评价体育教学模式的标准。

体育教学模式整体优化必须有明确的体育教学目标，学生按照一定的体育教学目标进行学习，教师按照一定的体育教学目标进行教学。需要弄清体育教学前学生对该内容的掌握情况，并以此为起点，看其提高的程度。学生积极参与教学的程度，可以从他们积极参与教学的热情上来衡量：学生是否都想继续学习和深一步学习，学习的兴趣怎样，是否从学习内容中得到喜悦等。体育教学模式整体优化的标准有以下两个方面。

1.效果标准——体育教学效果优化

体育教学效果优化表现在教学所要完成的任务或所要达到的预期目标上。在体育教学中要根据体育教学目标、教学任务和要求，按照每个学生的体育基础和身体能力特点，使每个学生都得到充分发展。体育教学模式目标，在采用不同的体育教学模式时虽然有不同的侧重点，但不外乎运动参与目标、运动技能目标、身体健康目标、社会适应目标和心理健康目标，但无论是侧重哪一方面，只有全体学生都达到预期的任务或目标，才算是效果最优化。

2.效率标准——体育教学效率优化

体育教学效率优化表现在达成教学任务或目标所耗费的时间、精力和费用的合理上，它表明教学的投入和产出的比例的合理性。不论采用哪一种教学模式，都必须讲究教学效率，只有省时、省力的体育教学才算是效率优化的体育教学。

在运用整体优化标准时应注意两个问题：一是要注意学生的全面发展，不仅要有利于学生掌握体育知识、动作技术和技能，以及身体素质和健康水平的全面发展，而且还要注意学生思想品德的形成和个性的全面发展；二是要注意统一要求与区别对待相结合，不仅要让学生完成体育课程标准和体育教学计划的要求，而且要让学生在自己潜能的范围内达到最大的发挥。

因此，效果标准与效率标准既有联系又有区别。效果主要是体育教学的质量问题，效率主要是体育教学的数量问题，只有两者都好才是优化的教学，体育教学模式整体优化必须是体育教学效果和效率的统一。

## （四）体育教学模式整体优化的内容

影响体育教学模式结构的因素很多，包括教学思想、教学内容、教学程序、教学方法、教学条件等。这些因素密切相关，在诸多的因素中选择教学内容作为逻辑起点与突破口，对多元体育教学模式进行优化，其中教学条件、教师、学生特点是整体优化体育教学模式的主要因素。

1.根据不同教学思想优化体育教学模式

体育教学思想是制定体育教学模式的灵魂，不同的体育教学思想赋予具体教学模式以生命力，使教学模式有了明确的方向，并时刻把握正确航线，最终去完成它预期的目标。为了达成某种特定的教学思想，需要精选教材内容，但由于教学思想的多元化，教学内容的选用也体现了多样性、复杂性的特点。为使教学思想条理化、明确化，使之从整体上符合学校体育指导思想的大方向，根据教材内容的不同性质，把它分为精细教学型内容（主要指新大纲中规定的难度较大的必修教材、与终身体育相联系的选项教材等）、介绍型内容（主要指选修内容、尝试性内容、难度较小的内容等）。以上两种不同类型的教材所隐含的教学思想和要达到的教学目标是不同的。

精细型内容包含的教材思想有三个方面，其中"学习多项运动技术，掌握几项运动技能"最为重要。学校为学生准备了较好的师资力量、良好的场地器材、充足的学时，使学生有机会、有条件接触与学习各种技术，并根据自身的兴趣、爱好，选择几项运动技术作为自己深入发展的目标，经课外体育的积极配合，掌握几项自动化的运动技能，培养终身体育意识与习惯，这同时也完成了第二条目标；在进行运动技术的学习、练习过程中，始终指向身心健康目标，完成青少年学生的身心健康发展的指向性功能。从效果上看，学习技术、初步掌握运动技能是外显效果，培养终身体育意识和习惯是长期效果，而身心健康则是内隐效果。该类型教材隐含的思想和应达到的目标已定，也为选择适当的教学模式指定了方向，应以选用心智类教学模式、运动技能教学类教学模式为主。其中心智类教学模式在多项目单元教学中起到"导入式"作用，即通过情境设置（选择情境教学模式），来启发学生（选择启发式教学模式），使学生在学习正式运动技术前发现学习的意义（选择发现式教学模式），并领会其中的含义（选择领会式教学模式），充分调动学生学习的主动性、积极性（选择学生个性培育教学模式），进入最佳的学习运动技能状态（选择各种运动技能类教学模式）。

介绍型内容由于无须学习难度较大的运动技术，故将了解体育项目、培养兴趣、增进健康作为该类教材的主要目标，其中培养兴趣与增进健康两个子目标相互联系、相互促进，共同实现该类教材的总目标。因此这类教材的教学模式应选择情感体验类模式和体能训练类模式为主要教学模式，让学生在无技术难度的宽松条件下，一方面提高身体素质，加大运动负荷，可选择训练式教学模式、身体素质模式、自练式教学模式等；另一方面通过快乐学习、成功学习，体验运动的乐趣，可选择快乐体育教学模式、成功体育模式、生活体育教学模式等。

2.根据单元教学不同阶段优化体育教学模式

在精细教学类内容中，大纲规定了各个项目的学时，以确保各个运动项目单元教学任务的完成，并使学生能熟练掌握几项运动技能。因而"大单元教学"是一个非常重要的概念，它是指根据项目中的不同环节、重点主次安排不同的教学任务、教学步骤、教学方法，以确保各环节的衔接，并顺利完成完整动作的教学。由于在单元教学中，存在着掌握技能的不同阶段，因而在教学的不同课次、不同阶段，应有主次之分。有了主次，在教学模式选择上就有了差别。

在初步学习动作阶段，学生对有一定难度的运动技术缺乏了解，因而体育教师应尽力运用学生日常生活中的经验并通过一系列设疑活动，启发引导学生尽快地、积极地进入动作的学习状态。此时选用的教学模式应以情境教学模式、启发式教学模式、发现式教学模式、领会式教学模式等为主；在进入单元教学中的第二阶段，学生已产生了较强烈的学习动机与兴趣，为学习与练习关键技术环节做好了充分准备，此阶段应主要选择模仿式教学模式、程序式教学模式等技术教学类模式，对学生进行较系统、较全面的改进动作质量和纠正错误动作，并不断进行强化练习；在单元练习的最后一个阶段，由于学生已基本掌握所学的运动技能，应进一步重复练习和巩固，并注意动作的细节问题，因而在此阶段应以选择能力培养模式、自学式教学模式、成功教学模式等教学模式为主。

3.根据不同的外部教学条件优化体育教学模式

体育教学的条件分为两类：第一类指固定的一些硬件，如不同地区、各种体育器材、设备场馆；第二类是指不固定的硬软件，如各地区、各学校的传统体育项目、教具、幻灯、模型、多媒体等。优化的方法是指各硬件的不同组合形式，即针对具体的教学目标、教学内容，合理地选择多种体育场地器材，并对场地进行合理的布置，且运用多种教学辅助手段，如挂图、教具、幻灯、模型、多媒体课件等来实现不同教学目标。

由于体育教师运用体育教学手段和条件的能力不同，同一教学手段和教学条件，不同的人使用和组合，也会产生不同的效果。从教学模式角度而言，不同的体育教学模式，显然所选用的体育教学条件不同，但同一体育教学模式，由于选择的体育教学条件和组合形式不同，也会效果迥异，因而体育教师应根据具体的体育教学目标、模式要求，有创造性地、合理地、科学地运用和组合体育教学条件，使其产生最佳的体育教学效果。

4.根据学生基础优化体育教学模式

教师是教学活动的主导，学生是教学活动的主体，主导与主体因素构成了体育教学活动的主要因素，它是教学活动要素中最重要的成分，因而在选用教学模式时，也要考虑到师生的具体情况、具体特点。

就学生而言，不同年龄段的学生明显存在着生理上、心理上的差异，在教学上应因材施教，并与教学思想相对应，构造各阶段所要达成的教学目标和相应的教学模式。

学生在同一层面上，也存在着体育基础、接受能力、个性等方面的差异，因而也可根据不同情况采取分组教学、分层教学并选用相应的教学模式，才能有的放矢，达到较好的教学效果。

就教师的主导因素而言，因其学历、知识结构、能力水平、教学风格等都体现了差异，一方面，应根据自身的实际情况、能力、水平，从众多的体育教学模式中选用适宜的体育教学模式；另一方面，更要努力跟上教学改革的形势与需要，多学习、多实践，不断提高自己的水平，掌握多种教学模式，并学会选择与运用适宜教学模式的技巧。

## （五）体育教学模式整体优化的策略

1.优化体育教学目标，使之具有明确性

体育教学目标是体育教学过程的起点和归宿，是需要首先解决的问题，因为在整个体育教学过程中它对教学内容的组织、教学方法的实施、教学结构的建构和教学手段的运用起指导和统领作用。体育教学目标的确定有一定的依据，它具体受教育目的、学校教学目标、学科整体目标等制约。确定体育教学目标时要明确、科学并具有可操作性，各种目标之间要有鲜明的差异性和连贯性。体育教学目标的确定要有利于教学设计、有利于监控教学过程、有利于教学评价等。

2.优化体育教学内容，使之具有可学习性

体育教学内容是体育教学过程中最基本、最主要的组成部分，是教学目标的载体。体育教学内容是教师和学生直接接触的材料，它是否受到学生的欢迎、学生是否对学习内容感兴趣都最终影响体育教学目标的完成情况。因此，一定要精选体育教学内容，使之更具有可学习性，能受到学生的欢迎。为了优化教学模式，教师必须选择那些学生喜闻乐见、锻炼形式活跃的内容，也可以对竞技项目进行必要的改造，使之更具有教材性。

3.优化体育的课堂教学结构，使之具有合理性

课堂结构是体育教学模式的主要表现形式，课堂结构不仅是在规定的时间和空间内教学活动的各个环节、步骤的具体安排，更是教学目标、教学内容和教学方法等的具体体现。课堂结构是一个复杂的系统，根据系统论整体大于各要素部分之和的观点，在优化体育教学课堂结构时不能只重视局部优化，而要着眼于整体，使课堂教学结构的各个组成部分相互协调、相互促进。

4.优化体育教学方法，使之具有实效性

体育教学方法是指在体育教学过程中，教师和学生为了实现体育课堂教学目标所采取的行为方式的总称，包括教师在课堂教学过程中的行为活动方式和学生在教师指导下学习体育知识和技能的行为方式。优化体育教学方法要使方法的选择适应教学内容、适应学生的基础水平，使学生在尽量短的时间内掌握较多的知识和技能，并受到全面的思想道德教育，得到全面发展。体育教学方法的选用要做到科学选用、高效突出、力求创新。

5.优化体育教学评价，使之具有激励性

体育教学评价是体育教学模式中一个重要的环节，是指运用科学的手段，依据教学目标，对教学（教师和学生）活动进行全面的、全方位的定量或定性的分析，做出客观、公正、准确的价值判断。优化体育教学评价要注意评价的全面性、民主性和发展性，最重要的是突出评价的激励作用，使评价成为学生学习的动力。

### （六）新课程理念下体育教学模式整体优化的框架

通过以上对体育教学模式优化理论研究，可以证明教学过程中的教学目标、教材和学生发展水平能组合成"各种各样的体育教学模式"。适合于体育与健康课程标准中体育教学的需要，对学生体育与健康意识的培养、体育能力的提高、体育兴趣和态度的形成及人格完善与个性培养等都有良好的效果。

通过对新课程理念下体育教学模式整体优化的框架设计，主要应从实现条件中三种变量（目标变量、学生、教材变量）、五种组合构成体育教学模式的过程，是实现新课程理念下的体育教学目标的最佳途径。

总之，体育教学模式的整体优化在理论和实践两个方面对体育课程教学改革具有指导意义。在此基础上，依据影响体育教学模式的主要变量，运用系统、综合的方法把握与整合、选择或构建符合本校特点、整体优化的体育教学模式。

## 第三节　体育教学方法的相关理论

### 一、体育教学方法的相关理论研究

#### （一）体育教学方法的概念界定

概念的清晰是任何研究工作的前提。由于社会背景、文化氛围的不同，研究者研究问题的角度和侧面的差异，使得人们对"教学方法"概念的界定自然不尽相同。

1.教学方法

教学本身是一项复杂的、综合性的动态活动。在教学发展的不同时期或阶段，由于多种因素的影响，人们对教学及其活动过程的本质意义有着不同的认识。教学方法可定义为：在教学过程中，教师指导学生学习教学内容，通过对工具、手段的综合运用以达到教学目标、完成教学任务，是师与生、教与学的相互活动。它既包括教师"教"的方法，也包括学生在教师指导下的"学"的方法。

2.体育教学方法

体育教学方法在教学过程中主要是解决教师"怎么教"和学生"怎么学"的问题。教学方法是随着教学活动的出现而逐渐发展起来的，也是随着社会的发展、教育教学实践的发展、科学技术的进步而不断改革和提高的。从上面的分析可以看出，人们对教学方法本质的研究趋于深刻，体育教学方法的概念也越来越具体和确切，应该体现在以下三个方面。

①教学活动中教与学的双边共同性。教学活动是教师的教和学生的学双边的共同活动。教与学是相互联系和密切作用的，在教学过程中，教学方法始终包括教师的教法和学生的学法，充分体现师生在教学中相互联系、相互作用统一的活动特点。任何忽视和单纯强调教与学任何一方的认识都是错误的，其无助于对教学方法真正含义的认识和理解。

②教的方法与学的方法的相互统一性。教学方法包括教的方法和学的方法，二者是相互联系、相互作用的教学活动统一体的两个方面，是有机结合的，并不是机械的相加之和。在教学过程中教师教的方法制约着学生学的方法，学生学的方法也影响着教师教的方法；教师的教法可以通过学生的学法体现出来，学生的学法又是在教师正确指引下的学习方法。任何一种教学方法都是通过师生个别的教法和学法的有机结合与辩证统一来发生效力的。

③教学活动的目的性和发展性。方法从其实质上来说，就是一种活动规律的规定性和活动模式，它规定人们按一定的行为模式去活动。因此，揭示教学方法的实质，就不能完全把教学方法等同于教学工具或教学手段，而是对工具、手段的综合运用。同时也不能把教学方法看成某种固定的方式或动作，而是一系列完整成套的活动。这种活动是有目的的活动，是师与生、教与学的相互活动。

关于体育教学方法的概念，从以下四种视角进行界定。

第一种，从方式、方法角度来界定。体育教学方法是完成体育教学任务、实现体育教学目标的方式和办法。

第二种，从途径、手段角度来界定。体育教学方法是完成体育教学任务、实现体育教学目标的途径或手段。这种观点认为，方法最终要落实到手段层面，通过具体的手段呈现并实施。

第三种，从总称、总和角度来界定。体育教学方法是多种途径、手段、组织的总称。这类观点多是从教育学或教学论引入的，但这种概念给人的感觉比较模糊。

第四种，从师生活动角度来界定。体育教学活动是一种双边活动，是师生统一的过程，不但有教师教的方法，也有教师指导下学生学的方法，还有教师组织课堂的方法。这类观点近年来十分流行，也普遍得到大家的认可。

体育教学方法的概念界定不一，但有三点是共同的：第一，教学方法是师生共同的活动；第二，教学方法不仅指教师的教法；第三，教学方法最终要通过具体的技术和手段来实现。

## （二）体育教学方法的分类研究

目前，体育教学方法多种多样，内容极为丰富，怎样把这些零散的、没有条理性的教学方法整理成系统性的体系，以便广大体育教师更好地掌握和运用，这就涉及体育教学方法的分类问题。

1.体育教学方法分类的意义

目前对体育教学方法进行分类研究，不仅是明确体育教学方法概念的必要前提，而且具有非常重要的现实意义。

首先，体育教学方法的分类有助于体育教学方法科学体系的建立。体育教学方法的分类，是以对每种具体的体育教学方法进行详细分析为前提的。在明确某种方法的实质、作用和特点的基础上，根据某一标准，将若干相同或相近的体育教学方法归为一类。由于分类有一个依据的标准，各种体育教学方法不仅可以彼此区别，而且可以看出，在这个标准上，各种体育教学方法之间的关联和层次。

其次，体育教学方法的科学分类有助于教师准确有效地选择和运用体育教学方法，从而提高教学效率。理论研究的最终目的是为实践服务，关于分类体育教学方法的研究自然也不例外。体育教学方法一经恰当分类，建立起一定的体系，各种具体教学方法的特点、功能及其在整个体育教学方法体系中的地位便会一目了然。这样不仅有利于教师从整体上把握各类体育教学方法，而且可以使教师根据教学目标的需要及其自身的实际情况，选择能够有效地提高体育教学质量的体育教学方法。

2.体育教学方法的具体分类

由于教学观念的不同，对教学方法有许多种分类方法，有的是根据教学任务分类，有的是按教学活动的性质分类等。但是，教学论必须对教学方法的各个侧面的具体现象做出分类和系统化，才能把握本质和事实关系。体育教学方法的分类状况有以下五种：

第一种分类法，根据体育教学任务进行分类，将完成某一类教学任务常用的方法相对应的分为一类。其分类为：发展体能的方法（含重复练习法、变换练习法、综合练习法、循环练习法）；运动技能的基本教学方法（语言法和直观法、练习法、预防与纠正错误法）；思想品德教育的方法（含说服劝告法、典型榜样法、规范指导法、评比竞赛法、表扬与批评法）。这种分类是根据体育教学的三个方面的任务提出来的。这种分类方法以各种教学方法追求的目标为依据，这样的分类保证了每一项体育教学任务都通过相应的方法来实现，但教学方法分类过程中分类基础不够分明。

第二种分类法，根据教学活动的主动性将教学方法归纳为三种基本类型：教师主导型教学方法（讲授法、演示法、呈示法）；师生互动型教学方法（对话法、练习法、情境法）；学生自主型教学方法（观察法、讨论法、发现法、尝试法等）。这种分类方法在不同学科中具有很大的通用性。

第三种分类法，根据师生之间信息传递的方式进行分类。体育教学方法主要的功能之一是传递师生双方的信息。信息的发出与接收有不同的途径，因而也存在不同信息传递途径的体育教学方法：视觉信息类方法主要通过视觉感知教学信息，信源有人体和实物等；听觉信息类方法主要通过听觉获得有关的教学信息，信源有人体和实物等；触觉信息类方法主要通过触觉感知教学信息，信源有人体和实物等。这种多信息传播途径的方法体系，保证了师生多种感官参加教学活动，对成功地、有效地进行教学是非常必要的。因此，体育教学方法分为视觉信息类体育教学方法，听觉信息类体育教学方法，动觉、触觉、本体感觉信息类体育教学方法三大类。

第四种分类法，根据教学方法的来源进行分类，一般分为三类，即体育教学传统中的教学方法、相关学科引进的教学方法、在实践中创造的教学方法。传统教学法包括语言法、直观法、完整与分解法、练习法、比赛法、预防纠错法等；引进的教学法包括掌握法、发现法、程序法、学导式教学法、问题法、范例教学法、自学辅导法等；创造的教学法包括成功教学法、快乐教学法、情境教学法、小群体学习教学法、领会教学法、重点教学法和游戏教学法等。

第五种分类法，依据教学活动中获取信息的主要途径进行分根。按照体育教学方法的外部形态（信息传递途径）和在这种形态下学生的认识活动对体育教学方法进行分类。分为以语言传递信息为主的体育教学方法、以直接感知为主的体育教学方法、以身体练习为主的体育教学方法、以比赛活动为主的体育教学方法、以探究活动为主的体育教学方法等五类。这是由五大原因造成的。

①信息传递途径本身就是教学方法的重要构成因素。

②这样的界定和分类肯定了实际教学工作中存在的教学方法的多样性，避免了因否定教学活动中存在的方法的多样性而出现的定义教学方法时不周全的现象，也避免了因分类不当而出现的论述中的混乱。

③从实践意义上讲，这样的分类层次分明、逻辑性强，便于从事实际教学工作的教师能清晰地掌握教学方法的理论，也便于分清教学方法的指导性和操作性，使教学理论能够真正地指导教学实际。在教学中，根据具体的教学目的、任务、内容和学生的实际情况创造出高效能的、能使教学取得最佳效果的操作性方法。

④这种分类既注意了教学方法的外部特征，也注意了学生学习活动的内部过程。一般来说，教学方法都是按教学活动的外部形态区分并命名的，这种形态体现了一种教学活动，具有独特的教学功能。同时，它也反映了学生认识活动的特点。

⑤师生之间的相互制约活动，在很大程度上取决于所选择的教学方法的外部表现形式。所以，按照教学方法的外部形态和在这种形态下学生认识活动的特点进行分类，有利于实现教与学活动的相互作用和统一，也有利于教师主导作用的发挥和学生学习积极性的调动。

以语言传递信息和以直接感知为主的体育教学方法是根据教师向学生系统传授知识技能的方法这一共同特征；以身体练习和以比赛活动为主的体育教学方法集中反映了体育教学方法以身体练习为主的专业特征这一共同特点的改革趋向；以探究性活动为主的体育教学方法共同体现了现代教学的民主化发展方向和教学相长，并充分利用学生的身心潜能组织教学，着眼于完善学生的能力结构。

体育教学方法的分类，揭示了体育教学方法分类体系的多维复杂、纵横交错的组成内容，展示了未来体育教学方法改革与优化的发展趋势。随着科学技术的进步、体育教学理论的进展、体育教学内容的变化和学生个性多样化的发展，加上新的教学观念、教学原则和教学手段的出现，必然使体育教学方法更为复杂和多样。也就是说，人们将从更多的角度去研究、分析、整理各种教学方法的特征，形成教学方法体系结构研究的系统化与综合性、多元化与扩展化、科学化与现代化、专业化与示范性等多样化趋势。因此，体育教育工作者应采用具体相应对策，并付诸改革实践，以确保体育教学方法分类的改革向最优化方向发展。

### （三）体育教学方法的选择、运用研究

关于选择和运用体育教学方法，各有各的出发点，表述也不相同，但总的考虑因素基本相似，都是从以下五个因素进行论述的。

第一，教学目标、任务。就体育教学方法本身而言，无论哪个时期的概念，基本上都是为了实现教学目标、完成教学任务而进行的。可以说，体育教学方法本身就是方式、手段，这种方式、组织、手段都是为了实现教学目标、提高教学效率进行的，大家一致认为，体育教学方法选择首先要考虑教学目标和任务。

第二，教学内容、教学项目特点。教学任务是通过内容来实现的，如果把体育教学方法放大，它能涵盖教学内容，如体育教学方法的设计，设计的基本是内容的组织或完成内容的手段。教学项目的特点也是体育教学方法的必须考虑的因素，体育项目繁多，项目的差异性决定了完成项目手段的多样性。

第三，学生的基础和接受能力。学生是学习的内因，也是解决学习矛盾的主要矛盾，他们的基础和可接受能力决定了教师的施教方式，不了解学生的教师不可能教好学生。

第四，教师自身因素。教师虽说是教学主导，是外因，但对学生的影响至关重要。教师实施体育教学方法时，不能一味标新立异，要找到能适合学生的、自己又能得心应手的方法进行施教，还要善于对原有方法进行改造和加工。

第五，设施条件和教学环境。设施和环境是教学的外部环境，部分教师抱怨设备不好、条件不够，这都是借口，关键还是对设备和环境的利用和开发不够。我们不否认设备条件对教学方法实施的影响，但落后的地区依然有很精彩的体育课，所以说提高体育教师的课程开发意识与改善体育设施同等重要。

### （四）体育教学方法的问题对策研究

教学贵在得法，广大体育教师一方面需要学习相关的理论知识，掌握前人行之有效的方法；另一方面需要不断总结、实践，形成一套自己的创新的教学方法，只要是为提高教学效果服务的就可以选择和优化创新。

①体育教师应注意常规教学方法与创新教学方法的协同运用，在实际教学中总结经验，形成适合自己特点的一套体育教学方法实施体育教学。

②加强对学生自主学习和探究意识的培养，注重指导学生的独立活动，留给学生创造、探究的空间和时间。

③正确对待教学方法中的师生互动关系，承认学生的个体差异，实施因材施教的策略。

④转变传统的教学观念和模式，打破习惯的传统教学方式，强化对现代教学技术的应用，加速教学方法和手段的现代化进程。

## 二、体育教学方法的内涵

教学方法的内涵可概括为三类：第一类，教学方法是教师向学生传授知识的策略；第二类，教学方法为达到既定的教学目标，根据教学原则，将教育内容内化为学生的知识、技能及品性而运用的方式和手段，包括教师教的方法和学生学的方法；第三类，教学方法是教师与学生之间的活动，强调互动的特征。

教学方法要服务于教学目的和教学任务，体现教师的教和学生的学之间的密切联系，是教学中师生双方行为动作的总和体系，具有多方面的功能。

对体育教学方法内涵的理解，一方面以一线体育教师的反馈为依据（反映其实用性和教师渴望达到的效果）；另一方面以理论层面的逻辑推理及体育教学方法的本质特征为依据，将体育教学方法定义为：体育教学方法是师生为实现体育教学目标、完成体育教学任务，采用一系列教学策略、组织方式、具体手段的教学活动措施。有突出"以教为主"的体育教学方法，也有突出"以学为主"的体育教学方法。

## 三、体育教学方法的体系构建

### （一）体育教学方法的层次体系

科学方法有三个层次，第一是最高层的方法，适用于所有学科；第二是中层的方法，对某类领域有共同指导规律，具有跨学科特征；第三是某个学科中特有的可操作的方法。体育教学方法也有三个层次。

第一层：教学方略（模式），实质是教师运用多种手法和手段的组合进行教学的行为方式，如发现式教学法，其中包括提问、组织讨论、启发等多种教学手法，也包括图片演示、实地测试等多种手段。它是教学方法的"上位"层次，即广义的教学方法，是传统概念中的教学方法的组合，属于教学方法的设计层面，可称为教学模式、教学方式。主要体现在单元或课的设计上。

第二层：教学方法（技术），是指教师使用某种主要的手法实施教学的行为方式。它是教学方法的"中位"层次，亦称教学技术，等同于传统界定的教学方法。主要体现在体育课中的某个教学步骤上。

第三层：教学手段（工具），是教师运用一种主要的手段进行教学的行为方式。这是教学方法的"下位"的层次，也称为教学工具，是传统定义上教学方法的组成部分，它是教师运用一种主要的教学手段进行教学的行为方式。主要体现在体育课中的某个教学步骤中更具体的教学环节上。

## （二）体育教学方法的类别体系

第一类是"以教为主"的体育教学方法，如讲解法、示范法、纠错法、重复练习法等，主要突出的是教师以传授知识技能为目的，便于自己完成教学任务，以课程内容为出发点，把"教"视为知识技能的主要获取渠道，针对"传授"为核心而进行的教学方法；第二类是"以学为主"的体育教学方法，如情境法、发现法、探究法、小群体法等，主要突出的是如何让学生更好地获得知识，出发点是学生，按照学生的需要而设计实施的教学方法。

"以教为主"的体育教学方法类似我们所说的传统体育教学方法、常规体育教学方法，主要突出的是教师按照"教"的意愿进行教学，很少考虑学生的感受和接受能力，重点是把知识、技能传授给学生。

"以学为主"的体育教学方法以发展学生能力为主要目的，以学生的发现、探究、合作等为主要形式，在教师指导下自主或合作完成教学任务、发展能力的一种教学法。重点是对学生发现问题、解决问题能力的培养，学生学会学习或练习的方法，关注学生的感受和体验。这类方法既含有理念，又含有具体手段和技术。

# 第四节　体育教学方法的优化

## 一、高校体育教学方法的影响因素

系统的等级性观点认为，系统的每一个组成部分又可以被看作一个系统，而被研究的系统本身则只是更大的系统的一个组成部分。根据这一观点，体育教学方法系统便是从属于体育教学过程系统的一个子系统，它的存在与发展不是孤立的，它与体育教学过程其他结构成分是相互影响、相互体现的。因此，优化体育教学方法，不仅要考虑体育教学方法系统内部的影响因素，还要考虑体育教学方法系统外部的影响因素。体育教学方法系统内部的影响因素实际上就是组成体育教学方法系统的各要素、各子系统的功能特点及其相互关系；外部的影响因素实际上就是体育教学方法系统的环境特点。下面我们就从这两个视角分析影响体育教学方法优化的因素。

### （一）内部影响因素——体育教学方法系统的功能特征

#### 1.整体涌现性

若干部分按某种方式整合成为一个系统，就会产生出整体具有而部分或部分总和所没有的东西，如整体的形态、整体的特性、整体的功能、整体解决问题的途径等。一旦把系统分解为它的组成部分，这些东西便不存在。也就是说，系统与部分或子系统相比有质的提升、新的飞跃。系统科学把这种整体才具有、孤立的部分及其总和不具有的特性，称为整体涌现性。例如，单个物质分子没有温度、压强可言，大量分子聚集为热力学系统，就具有可以用温度、压强表示的整体属性。整体涌现性的通俗表达，就是整体大于部分之和，从整体中必定可以发现某些在部分中看不到的属性和特性。这种属性和特性实质上就是系统各部分之间的关系和联系。由于这种关系和联系，诸元素的组合变为有联系的整体，其中每个元素最终都是同所有其他元素联系着的，不考虑这种联系，就无法理解其属性。同样，系统的属性也不是组成系统的个别元素的属性的简单相加，而是由诸元素之间存在的那种联系和关系的特点决定的，即由作为一个整体的系统的综合性属性构成的。

同理，由各种体育教学方法按一定方式整合而成的体育教学方法系统，必然具有单个体育教学方法所不具有的整体涌现性。体育教学方法系统中，各种体育教学方法或各子方法系统内部有着相互依存、相互促进、相得益彰的关系，其内在的逻辑性与规律性构成了体育教学方法完整体系的整体功能。例如，原理性体育教学方法系统作为体育教学方法完整系统的最高层次，虽然对思考、选择与运用各种体育教学方法起着关键的指导性作用，但是它不能直接解决具体的教学任务，只能通过影响教学主体的思想、观念，渗透到具体教学情境的设计和实施中；操作性体育教学方法系统虽然具有普遍的适用性，能够直接解决体育教学中具体的教学任务，但是，它并不能从整体上把握一节课或一个学习阶段需要采用什么样的方法。因此，原理性体育教学方法系统和操作性体育教学方法系统都只具有体育教学方法完整系统的某一方面的属性，而不具备体育教学方法系统的整体属性。所以，在选择运用体育教学方法时，只有把握体育教学方法的整体属性，注意各种体育教学方法的性质、层次、功能及其相互关系，才能取得更好的教学效果。

2.功能互补性

体育教学方法系统从整体上来看，具有各子方法或子方法系统所不具有的整体涌现性，但是从其子方法或子方法系统来看，它们又各司其职、各尽其功，具有功能上的差异性。正是这种差异性，决定了它们在功能上的互补性。所谓功能的互补性，就是体育教学方法系统内部各子方法或子方法系统在发挥功能和作用时所表现出的相互补充、协调一致的关系和特点。具体表现在：①体育教学方法系统中每一要素或子系统的功能都是其他要素或子系统所缺少的，但又是其他要素或子系统发挥功能所不可缺少的；②既然每一要素或子系统的功能都是其他要素或子系统发挥功能所不可缺少的，那么每一单个元素或子系统是不会孤立地独自发挥其功能的，而必须由主体把它们组织起来，通过主体的活动使它们运动起来，在运动中相互作用、相互补充，这样才能发挥各自的功能。由此可见，体育教学方法系统内部各要素或子系统在功能上的互补性，是其整体功能得以形成的原因。它要求我们必须客观地认识各种体育教学方法的作用。

体育教学活动的复杂性、多元性决定了体育教学方法的多样性。但是，各个具体的体育教学方法又具有独特的个性特征。体育教学方法就其本质而言，都是辩证的、具体的。所谓辩证的，是指任何一种体育教学方法总是既有优点，但同时又有弱点，既可能有效地解决某一问题，但同时又不能有效地解决另一问题。例如，发现学习法强调学生在活动中探究、发现并解决问题，无疑能增强教学的启发性和探索性，有利于培养学生发现问题、研究问题的习惯。但是，实践表明，这种方法比较费时，易延缓教学进度。如果教学的信息量大，运用这种方法显然是不经济的，也很难办到。所谓具体的，是指任何一种体育教学方法都是以一定的条件（包括体育教学目标、体育教学内容、教学设备、学生的实际水平和教师的特长等）为转移的，不存在能够包罗万象、一统全局的万能的体育教学方法。所以，体育教师只有客观地认识各种体育教学方法的作用，才能从体育教学方法系统的整体性、关联性出发，有效地利用它们的功能互补性。

### （二）外部影响因素——体育教学方法系统的环境特点

一个系统之外的一切与它相关联的事物构成的集合，称为该系统的环境。任何系统都是在一定的环境中产生，又在一定的环境中运行、延续、演化，不存在没有环境的系统。环境与系统之间的相互关系是系统的外部规定性。一般来说，环境也是决定系统整体涌现性的重要因素，在一定的环境条件下，系统只有涌现出特定的整体性，才能与环境相适应，形成稳定的环境依存关系。随着环境的改变，系统须产生新的整体涌现性，以达成新的环境依存关系。环境复杂性是造成系统复杂性的重要根源。因此，研究系统必须研究它的环境及它同环境的相互作用。系统与环境之间的相互联系、相互作用主要是通过物质、能量、信息的交换实现的。由于客观世界本身是一个多层次的大系统，某一系统的环境实际上是由另一个系统组成的，所以系统和环境之间的交换关系可以归结为系统和系统之间的交换关系。

体育教学方法是体育教学实践的产物，它与体育教学过程的其他结构成分共同构成了体育教学系统。所以，对于体育教学方法系统来说，其最接近的环境其实就是体育教学系统。因此，体育教学过程其他结构成分不可避免地成为影响体育教学方法选择运用的重要因素。

由于体育教学与其他学科的教学相比，具有许多独特之处，这就决定了体育教育者不能完全照搬教育学中的研究成果，而必须从体育教学本身出发，确定体育教学方法的优选标准。通过对体育教学系统的综合分析，结合当前体育教学改革的实际，现阶段体育教学方法的优选标准主要为体育教学的指导思想、体育教学的目标、体育教学的内容、学生的实际情况、体育教师自身的素质、体育教学的设备条件等。

1.体育教学的指导思想

体育教学方法的选择与运用不仅受制于人们对方法理论的了解程度，而且还取决于人们业已形成的教学指导思想及其科学性。在错误教学思想的干扰下，无论采用多么先进的体育教学方法，也不会取得理想的教学效果。过去，体育教学过于注重对运动技术的系统传习与掌握，忽视学生的主体需要和个性发展。受这种技术教学思想的影响，教育者所选择的体育教学方法也仅限于完成运动技术的掌握这一单一的教学目标。结果学生不仅没有真正地掌握运动技术，形成必要的运动技能，而且逐渐地对体育课失去了兴趣，甚至产生厌烦的情绪，使原本应该生动活泼的体育课变得枯燥无味。现阶段的体育教学改革提出了"健康第一"的教学指导思想，就是要改变技术教学模式的种种弊端，促进学生身心的全面发展。但是，要使这一教学思想对体育教学起积极的指导作用，还需要体育教师正确理解其内涵，即明确强调"健康第一"并不是要忽视运动技术的传授。只有这样，体育教师才会在正确教学思想的指导下，兼顾知识掌握和能力培养两个方面的教学目标，科学地选择与运用体育教学方法。

2.体育教学的目标

体育教学目标是体育教学主体在具体的教学活动中所要达到的预期结果和标准。它是体育教学活动的出发点和归宿，影响着教师对教学方法的选择，同时也提供了检验教学效果的标准。体育教学目标是预期的，即它在体育教学活动前就已经在教学主体的观念中存在了，这种观念的东西必须依靠相应的体育教学方法来实现和完成，不能具体到体育教学方法的体育教学目标终究只是一纸空文。所以说目标与方法是统一的，目标是方法的灵魂。明确体育教学的目标是选择体育教学方法的基本前提，脱离特定的体育教学目标就无法选择运用恰当的体育教学方法。现代社会的发展和教育的进步促成了教学目标的多元化，这种多元化的教学目标不仅包括全面而完整的知识体系，还包括科学能力和动机、兴趣、意志、气质、性格等情感领域的内容。在这一发展趋势下，我们的体育教学改革根据"健康第一"的指导思想，结合课程特点构建了五个领域（运动参与、运动技能、身体健康、心理健康和社会适应）、三个层次（课程目标、领域目标和水平目标）的课程目标体系，并提出体育教学中要以目标的达成来统领教学内容和教学方法的选择。这种新的课程目标体系对体育教学方法的选择运用研究提出了更高的要求。由于完成不同的目标要求有不同的体育教学方法组合，所以，根据不同的学习领域目标选择优化体育教学方法，是提高体育教学质量和效果的最为直接有效的手段。由此可见，体育教学目标是影响体育教学方法选择的一个至关重要的因素。教师在选择体育教学方法时，必须考虑哪些体育教学方法适合达到什么样的教学目标，要认识到不同的教学目标等级应该与不同的教学方法相匹配。

3.体育教学的内容

体育教学内容是指为实现体育教学目标而选用的体育卫生保健基本知识和各种运动动作，它是实现体育教学目标的根本保证。方法是内容的运动形式，体育教学方法依托体育教学内容而存在，它的选择和运用受到体育教学内容的制约。首先，体育教学内容的形态制约着体育教学方法的选择。例如认知形态的教学内容要选择以语言为主的体育教学方法作为主要的方法，而操作形态的教学内容则要选择以语言为辅的体育教学方法作为主要的方法。其次，体育教学内容的复杂程度制约着体育教学方法的选择。比如，对复杂的运动技术可以选择分解练习法进行练习，而对简单的运动技术则采用完整练习法进行练习。最后，体育教学内容的多少制约着体育教学方法的选择。在一定的教学条件下，体育教学内容过多，会造成体育教学方法选择的单一性，而将教学内容减少或压缩一些，就会促进体育教学方法选择的多样化。所以在体育教学过程中，教师只有独立地对体育教学内容进行重新加工，真正地掌握其特点，并转化为自己的知识体系，才能在体育教学方法上获得选择与创新的自主权。

4.学生的实际情况

学生是体育教学的主体，是体育教学过程中最活跃、最丰富多彩的变量，他们除了有年龄、性别等差别以外，还存在着许多个体差异。不仅不同年龄的学习者的思维水平及兴趣、需要、情感、态度等都会有所不同，即使是同一年龄阶段的学习者也会表现出一定的差异，例如，认知方式的差异、智力的差异、原有知识结构的差异、性格的差异、各种不同的学习风格的差异等。教育心理学的研究表明，学生的个体差异能对教学过程产生重要影响。比如，学生的认知方式会影响他们的学习方式。有的学生习惯听觉学习，有的习惯视觉学习，有的则更喜欢通过触摸或各种感觉的综合来学习。在不同的教学条件下，学生学习风格的差别也会产生不同的学习效果。场依存的学生喜欢别人向他们提供结构严密的教学，喜欢跟随教师的引导，注意同学们的反应；而场独立的学生则讨厌"菜单式"的指导，喜欢自己探索，不随大流。这些特点都是教师在考虑教学方法时必须给予极大重视的。除了学生的个体差异外，学生的集体特征（如班级内学生人数的多少）也是影响体育教学方法选择与运用的一个不可忽视的因素。因此，为了更好地安排体育教学的内容，实现体育教学的目标，促进学生主体的个性发展，我们在选择体育教学方法时必须充分考虑学生的个体差异和集体特征，从而保证绝大多数学生能完成课程学习目标，并且使每个学生都能体验到学习和成功的乐趣，以满足学生自我发展的需要。

5.体育教师自身的素质

体育教师是教学活动的组织者，其主导作用在体育教学过程中贯穿始终。教师除了在德才方面要为学生做出榜样之外，还必须熟练地掌握教材，了解教材的结构和学生的知识结构，协调影响学生学习的诸多因素，并能根据教学内容及学生学习过程中的个体差异与集体特征设计教学，使学生在教师所设计的教学情境中建构自己的知识经验，形成一定的技能和态度。不仅如此，教师自己也要学会学习，要善于反思、善于总结。由此可见，学生在学习过程中的主体作用与教师在教学过程中的主导作用是相辅相成的，有着互不矛盾的辩证关系。正因为如此，教师自身所具有的教学经验、专业理论和技术水平、个性品质特征及教学风格等方面都直接关系到体育教学方法的选择和运用情况。

6.体育教学的设备条件

体育教学的设备条件主要是指体育教学的场地、器材等。体育场地、器材是体育教学过程得以开展的最根本的物质保证，也是现阶段加强素质教育、提高体育教学质量、增进学生健康的物质保证。如果这些条件不具备，就会限制某些教学方法的选择运用。体育教学设备条件对体育教学方法功能的全面发挥有着一定的制约作用，特别是现代教学手段的充分运用，会更进一步开拓教学方法的功能和范围。教师在选择体育教学方法时，要在时间允许的情况下最大限度地运用和发挥体育教学设备的功能与作用。

## 二、高校体育教学方法的优化原则

优化体育教学方法不仅要考虑一系列的影响因素，还要遵循一定的原则。根据体育教学方法系统的特点和功能，结合体育教学方法在实践中的运用情况，我们提出了优化体育教学方法必须遵循的三大原则，即系统整体原则、综合复用原则、简便优化原则。它们是科学地选择与运用体育教学方法、提高体育教学效果的根本保证。

### （一）系统整体原则

选择体育教学方法要遵循系统整体原则。系统整体原则反映的是方法的存在、运动和发展的客观规律，它揭示了方法存在的普遍形式和一般特点。它要求我们从系统联系的角度考查体育教学方法，用系统的、整体的观点来对待体育教学方法的选择问题。

首先，从体育教学方法系统本身来看，它既然以系统的形式存在，就必然具有系统整体性。这种系统整体性表现在以下四个方面。①构成体育教学方法系统的各要素或子系统融合为一个有机联系的整体，这个整体具有组成它的各要素、各子系统所不具有的整体质，即系统质，也就是整体涌现性。②体育教学方法系统内部各要素、各子系统具有相互联系的有序性、层次性、不可分割性及各自功能的不可替代性。③体育教学方法系统的各要素、各子系统虽然各具功能和作用，但是它们都有助于达到一个共同的系统目标，即整体目标。它们会在相互联系、相互作用后产生一个总的整体结果。④体育教学方法系统内部分与部分、部分与整体之间具有相互依赖、相互制约的关系。

其次，从体育教学方法系统与环境的关系来看，它与环境有物质、能量、信息的交换，是一个开放系统。作为一个开放系统，它只有对环境开放，与环境相互作用，才能生存和发展，并且开放得越充分有效，越有利于其自身的生存发展。所以，只有遵循系统整体原则，一方面认真研究体育教学方法内部各组成成分之间的各种联系，另一方面认真深入探讨体育教学方法与体育教学过程其他结构成分及其整体结构之间的本质联系，才能真正认识体育教学方法这一特别复杂的多方面的教育现象的本质及其在体育教学过程中的职能，才能保证所选择的体育教学方法科学有效。

## （二）综合复用原则

根据体育教学方法系统内各元素或子系统功能上的差异性和互补性，我们提出了优选体育教学方法必须遵循的第二条原则，即综合复用原则。综合复用原则的基本内容是：为达到某一或某些目的，必须把若干个方法或方法系统组合起来加以运用，发挥方法的综合功能，而不能把方法孤立起来单独运用。综合复用原则从人类如何运用方法及该方法采取什么方式发挥其作用的方面，反映了方法存在和发展的客观规律，揭示了人类在运用方法方面上的辩证性。

各种体育教学方法在功能上存在的差异性，主要取决于每种方法的方法域。所谓方法域，就是制约和限定方法有效性的方法的适用领域和适用范围的相对界限。它是标示方法适用领域和适用范围大小、宽窄的概念，是制约方法有效性的诸因素对方法的适用领域和适用范围的总体规定，也是测定方法的适用性大小的尺度。方法域的存在是一个普遍现象，它说明了任何方法都有其局限性。体育教学方法当然也不例外。但是，正是这种局限性促进了体育教学方法的不断发展与变革。纵观体育教学方法的发展史，可以看出，任何一种新方法的出现都是基于这样一个实际情况，即原有的诸多体育教学方法由于其自身的局限性，已经不能很好地适应体育教学的发展。体育教学过程非常复杂，教学内容很丰富，所要完成的任务又是多方面的，这就必然要求有多种多样的体育教学方法与之相适应。但是，出于种种原因，人们往往对体育教学的这种复杂性认识不足，经常固守于某一种体育教学方法或模式，其结果如何可想而知。体育教学方法的单一性不仅容易抹杀体育教学过程的复杂性，不能反映体育教学的本质规律，而且也无法取得很好的教学效果。

## （三）简便优化原则

人们在运用方法时并不仅仅满足于方法的合目的性、有效性，还要追求方法的简便易行、高效率、高效益、多功能等。因此，从这一方面，研究者提出了优选体育教学方法必须遵循的第三条原则——简便优化原则。简便优化原则从方法的价值标准的角度反映了方法存在和发展的客观规律，不仅揭示了主体对方法的一般要求，而且还揭示了方法进步的发展方向和基本趋势。为了更好地理解该原则，下面从简便性原则和优化原则两个方面对其进行分析。

1.简便性原则

人们在选择和使用方法时所遵循的简便易行的思想，称为简便性原则。贯彻简便性原则的一个突出表现是舍弃方法中不必要的、多余的动作和操作，简化方法的步骤和程序，使方法在结构上变得更紧密、更连贯、更精简、更协调。一般来说，人们对每一种方法都是如此对待的。比如，一种方法在刚刚产生的时候，最初被运用，人们对它总是不熟练，它本身也是不完善的。这时方法在结构上往往呈现出离散性和烦琐性，各要素的结合很松散，各步骤、各程序间彼此不够连贯，许多重复的动作和操作夹杂其间。这样不仅给操作者加重了负担，而且方法的效率和效益往往也是不高的。虽然按这种方法办事最终也可以达到目的，符合方法的合目的性和有效性的要求，但它却浪费了人们的体力和精力，浪费了时间、物力和财力。谁都不会否认，体育教学中衡量教学的质量还要看单位时间内学生对知识的掌握程度。对给定教学内容的掌握，耗费时间越长，教学效率越低；耗费时间越短，教学效率越高。所以，教师在选择体育教学方法时，在不影响体育教学效果的前提下，还要注意简化各种方法的操作程序和步骤。总之，在保证体育教学方法的功能和保证实现教学目标的情况下，方法总是越简便越好、越省事越好。这可以说是评价方法的一个标准，即简便标准。

但是，简便性原则并不是人们选择运用方法的唯一原则，简便标准也不是人们评价方法的唯一标准。如果教育者在选择运用体育教学方法时，仅仅固守这一原则和标准，那将是十分片面的，有时甚至是错误的、行不通的。例如，生产一种产品的方法有两种，一种虽然简便易行，但经济效益不高；另一种则较为复杂，但却能创造出十分高的经济效益。两种方法相比，宁愿选择后一种方法，也不选择前一种方法。所以，简便性原则并不能孤立地运用，而要受其他原则的制约，甚至以其他原则为前提。这就涉及方法的优化原则问题。

2.优化原则

所谓优化原则，就是人们在创造方法时，总是追求方法的优化结构；在选择方法时，总是挑选优化方法；在运用方法时，总是期望方法的优化结果。人们在创造、选择和运用方法时这种追求方法优化的观念，就叫作优化原则。遵循优化原则选择体育教学方法，并不是简单地将各种体育教学方法组合起来，而是对具体的教学情境具体分析，比较各种体育教学方法的优点和缺点，寻求某一情境下的最佳组合方案。所以，优化原则并不是对方法提出的某个单方面的要求，而是对其多方面要求的综合。

# 第三章　体育健康课程的理论内涵

## 第一节　体育健康课程的理论基础

考查体育健康课程的理论基础，实际上是要确定体育健康课程领域的外延，确定与该课程最相关的和最有效的信息来源，了解它们之间的关系及对课程实施的实际作用。因此，体育健康课程应将心理学、社会学、教育学和教育学作为其理论基础。

### 一、心理学基础

心理学对体育健康课程的影响主要体现在课程目标的设置、课程内容的选择和课程教学的实施等方面。例如，在设置体育健康课程目标时，应制定出既超出学生的现有水平，又能够通过体育与健康课程的学习达到的目标；在选择体育健康课程内容时，不仅要充分考虑体育健康知识和技能的难易程度，还要注意这些知识和技能对学生所提出的挑战程度，以激发他们的学习动机；在实施体育健康课程的教学时，应以学生的发展为中心，注意符合学生的心理发展规律。总之，在"以人为本"的新课程理念指导下，应更多地从心理学角度来探讨体育健康课程的有关问题。

#### （一）行为主义理论

行为主义理论也称"刺激—反应学习论"。该理论认为，学习者的学习是其对刺激情境的反应，并将学习者学到的行为解释为刺激与反应之间的联结。该理论认为，要将学习内容按照一定的逻辑顺序组合起来，引导学习者循序渐进地去掌握。该学说对早期的程序教学理论和实践产生了重要的影响，对传统体育教学中动作技能的学习具有重要的理论价值。简单地说，动作技能的学习就是进行动作示范，要求学生"跟我学"，然后对学生的动作展示进行评价，给学生提供强化（正强化或负强化），促进学生有效地学习和掌握动作技能。我国高校体育健康课程标准强调课程评价的反馈与激励功能，就是建立在此理论基础上的。行为主义理论虽然对传统体育课程的教学产生了重要的影响，但该理论存在的动物性与机械性缺陷，决定了其固有的简单性和外在性，所以在指导课程设计方面存在着一定的局限性。

### （二）认知主义理论

行为主义理论认为学习者的内部心理结构是无法探知的，针对这一观点，认知主义理论则认为，学习者的心理结构不仅可以探知，而且是影响学习的决定性因素。认知主义理论既强调外在的环境刺激，又强调内在的心理因素，而且把重点放在两者的结合上，主张学习是将外在事物的结构内化为学习者内在认知结构的过程。认知主义理论对体育教育的影响同样体现在动作技能的学习中，认为动作技能的学习主要分为动作技能的认知阶段、动作技能的联结阶段和动作技能的自动化阶段。学生只有通过不断练习和认知，熟悉动作技能之间的内在联系，最后达到自动化阶段，才表明学习结束。因此，我国高校体育健康课程标准强调要根据学生的认知特点选择教学内容，以便学生能更有效地掌握运动知识和技能，获得成功体验，增强体育学习的自尊心和自信心。

### （三）建构主义理论

建构主义理论提出，世界是客观存在的，但对世界的理解和意义赋予却是由每个人自己决定的。由此可见，建构主义理论关注的是学习者如何以原有的经验、心理结构和信念为基础来建构自己独特的精神世界。该理论指导我们在设计体育健康课程时，要注意时刻以学生为中心，根据学生的身心特点建构课程内容，根据学生的学习和生活经验实施课程教学，并用灵活多样的教学手段激发学生的学习兴趣，以满足学生的实际需要。建构主义学习理论强调真理的相对性，重视认识中的主观能动性。这相对客观主义而言前进了一步，但根据该理论设计与实施体育健康课程时，我们还要注意避免因过于强调相对性而导致真理观的相对主义。

### （四）人本主义理论

人本主义理论从一个全新的角度剖析了教与学的关系，强调在教学过程中学生自我实现的心理历程，提倡真正的学习应以人的整体性为核心，强调"以学生为中心"的教育理念，认为学习的本质应是促进学生成为全面发展的人。该理论认为，学生有自我发展的潜能，学什么、如何学、进度怎么安排，都可以由学生自己来决定；教学成败的关键不在于教师的专业知识与教学技巧，而在于人际关系与情感态度。对体育健康课程影响比较大的主要是以罗杰斯为代表的人本主义理论，这种影响主要体现在以下四个方面。

1.促进学生全面和谐发展

体育健康课程应根据三维健康观和体育自身的特点及国际体育课程发展的趋势，以"健康第一"为指导思想，以"学会体育学习及其评价，增强体育实践能力和创新能力；发展良好的心理素质，增强人际交往技能和团队意识；具有健康素养，塑造健康体魄，提高对个人健康和群体健康的社会责任感，逐步形成健康的生活方式和积极进取、充满活力的人生态度"为课程总目标，划分为运动参与、运动技能、身体健康、心理健康和社会适应五个方面，使课程内容更具有弹性、可操作性和适应性，从而促进学生在身体、心理和社会适应能力等方面健康和谐地发展。

2.强调非认知因素的重要性

学习可分为机械学习和意义学习两类，前者主要指死记硬背那些没有生气、枯燥乏味、无关紧要、对学生的个人发展无实际意义的知识；后者主要指那些能影响学生的行为、态度、个性及选择未来行动方针的学习。让学生在实践中学习，是促进学习最有效的方式之一。在意义学习的指导下，体育健康课程应开拓创新，改革课程内容，将那些对学生的终身发展毫无意义的、竞技性较强的、学生既难以学会也不感兴趣的内容予以舍弃，精选适应时代要求、有利于学生健康发展的体育与健康基础知识、基本技能和方法作为课程内容；改变过去单一的灌输式教法，改变过于强调讲解、示范的教学形式，关注学生的学习兴趣与需求，创设有利于学生主动参与、乐于探究、勇于实践的良好教学氛围。其目的是让学生选择对自身发展有意义的内容进行学习，使他们在体育活动实践过程中提高体育学习的兴趣，培养运动爱好和专长，为实现终身体育奠定良好的基础。

3.重视学习结果与过程

人本主义重视的是教学的方法而不是教学的内容，是教学的过程而不是教学的结果。传统的教育是学生被动接受知识的过程。长期以来，教育者总是单纯重视学生对知识的获得，忽视学生如何获得这些知识。这种重结论而轻过程、重答案而轻智慧开发的教学完全无视知识和智力的内在联系，忽视了学生的个性和思考。因此，现代教育观应更关心怎样使传授知识的过程成为掌握科学研究方法、增长学生智慧的过程。由此可见，教育的真谛在于使知识转化为智慧。传知已不是唯一重要的，启智才是根本。所以，高校体育健康课程标准与过去的体育教学大纲相比，更强调过程性评价，注重过程性评价与终结性评价的有机结合。这主要表现为：在评价的内容上，不仅对体能和运动技能进行评价，而且注重与学生的学习过程密切相关的学习态度、情意表现与合作精神、健康行为的评价；在评价的方法上，不仅有学习结束时进行的一次性评价，而且对学生的学习过程、成长记录等进行评价。同时，在评价的主体上，还强调学生的自评和互评，以期更好地把握学生的学习过程。

4.强调以学生的发展为中心

人本主义心理学派把课程当作满足学生成长和个性整合需要的自由解决的过程，认为应将课程的重点从教材转向学生个体，强调教学过程应以学生为中心，突出学生的主体地位，教师只是学生学习的促进者、帮助者、辅助者、合作者，是"助产士"和"催化剂"，而不是权威的讲授者。在教学过程中，教师要注意创设良好的问题情境，鼓励学生自主地、积极地探索问题，使学生的学习由"被动接受"发展为"主动探求"，倡导学生进行自主、合作、探究式学习。因此，在课程理念上，教育者一定要树立教育必须"以学生的发展为本"的思想，根据学生全面发展的需要来架构课程内容，让学生成为学习活动的主人。

从上述分析中不难看出，人本主义理论突出了情感在教学活动中的地位和作用，强调了人的尊严和价值在教学过程中的重要性，重视对学生的尊重和爱护，充分发挥学生的主动性和创造性，主张教学工作要注意创设良好的课堂气氛，充分发挥学生的主动性和创造性，以学生的自我完善为核心，把教学活动的重心由教师引向学生。这些重要观点对改革和发展体育健康课程具有重要的借鉴作用。但不可否认，人本主义心理学理论也有其偏颇之处，如过分强调人的自我实现的生物学动力机制，容易忽视社会因素对人的发展的制约作用；以反对客观主义的面目出现，有明显的主观唯心主义倾向，即只注重人的情感、价值而漠视客观的科学知识本身。这也是我们在设计和实施体育健康课程时不容忽视的问题。

## （五）情商理论

情商，即情绪智力商数。而情绪智力是指人的非智力因素，是一种自我控制、热情和坚持及自我激励的能力，主要包括自我认知能力、自我管理能力、自我激励能力、认知他人的能力、人际交往能力五个方面。情商理论引入生态学观点，形成了"从个人在社会实际的情境中所表现出来的情感、认知和行为技巧等方面，预测个人成败倾向"的思想。人有两个大脑、两个中枢、两种不同的智慧形式（理性的和情感的）。一个人的成功，智商只占20%，情商则占80%。人要达到全面发展及和谐发展，不仅要学习间接经验，更需要学习直接经验，要接触生活、接触社会，只有将智商和情商结合起来，人的才华才能得到的发挥。

过去人们总认为可以用智商的高低来预测学生学业成绩的优劣，从而可以决定事业成功与否。然而事实上，智商很难正确无误地预测个人未来的成就，高分低能的现象非常普遍。根据情商理论，智力是学生成才的基础，但情绪智力是学生成才的关键，它包括如何调整自己的情绪、如何设身处地为别人着想、如何建立良好的人际关系等。教师应注重培养学生的情绪智力，使学生在困难、挫折面前具有坚强的意志品质、自信心和抗挫力，能很好地适应社会。体育健康课程十分强调通过体育活动来培养学生的探索、创新精神和坚强的意志品质，培养学生的抗挫折能力和承受失败的能力，从而充分实现课程的育人功能。

情商理论还提出，情感是"学会学习"活动能否成功的重要影响因素。我国高校体育健康课程标准十分强调培养学生的积极情感，发展学生的非智力因素，营造一种良好的学习气氛，使学生保持良好的学习心境，从而提高学生的学习效果，促进体育健康课程教学目标的整体实现。由此可见，今日的体育健康课程呼唤情感，其意义已远远超过教学方法和手段的范畴。

## （六）多元智能理论

多元智能理论提出，人的智力至少含有七种不同的能力，即语言智能、数理逻辑智能、空间智能、音乐智能、身体智能、内省智能和人际智能。如果给予适当的鼓励和指导，每个人都有能力使所有智能发展到一个相当的水准，以胜任日常学习和生活的需要。

多元智能理论认为，一个人的智能不能以他在学校环境中的表现为依据，而要看他在实际情境中解决问题的能力和创造能力。该理论强调的是各项智能的全面发展和个性才能的充分展示，强调创新精神和实践能力的培养。

根据多元智能理论，在对学生体育健康课程的学习评价中，不仅应对与学生的先天遗传因素紧密相关的体能和运动技能进行评价，还应对与学生的后天学习有关的学习态度、情意表现与合作精神、健康行为等方面进行评价，从而使评价内容多元化，做到全面评价学生的学习成绩。在评价的方式上，体育健康课程还提倡"表现式"的评价，允许学生选择自己所擅长的运动技能参与评价，使其通过这些优势运动技能的展示，获取成功体验。这充分体现出在体育健康课程的学习中没有绝对的"差生"，每一位学生都会有自己擅长的运动技能，从而极大地激发了学生进一步学习的兴趣和积极性。

综上所述，从行为主义理论到认知主义理论、建构主义理论、人本主义理论、情商理论和多元智能理论等各种心理学理论，都对体育健康课程的构建有着重要的理论贡献。虽然这些理论相互之间存在着分歧，但它们反映的是同一事物的不同方面，完全可以互相补充成为一个整体，在不同层次上起作用。体育教育者正是要在合理吸纳这些心理学理论精华的基础上，努力构建"以学生发展为中心"的体育健康课程。

## 二、社会学基础

在现实性上，人是一切社会关系的总和。这就告诉人们在考察人的发展时不仅要注意人的自然属性，同时还要注意人的社会属性。人的发展总是以特定的社会条件为背景，即社会环境和社会需要。由此可见，社会的发展制约着教育的发展，学校课程与社会政治、经济、科技和文化的发展有着密切的关系。毋庸置疑，体育健康课程在课程目标、内容、方法、组织、评价等方面都会受到各种社会因素的影响与制约。体育课程的改革与发展不能脱离社会的发展与需要，因此还应该从社会学的视角来加以认识。

### （一）社会的发展推动我国体育课程的改革

马克思主义唯物辩证法认为，世界上一切事物都不是静止不动、永远不变的，而是不断运动和变化、不断更新和发展的。社会发展是影响课程建设的主要因素，因此，体育健康课程作为学校课程之一，势必受到社会发展的影响。

社会的发展变化是学校课程改革的外部动力。我国体育教育界通过几代人不懈的努力与追求，在体育课程建设上已经取得了很大的成就。但随着人们对健康的高度关注和大众体育的迅速发展，过分强调竞技运动、忽视学生的身心发展需要、与社会生活脱节的传统体育课程已不能适应时代发展的需要，亟待改革。

### （二）现代社会的生产生活方式决定了体育健康课程的性质

学校出现学科教学之后，一些人把这种"百科全书式的""静止的""冷藏式的"学科教学看作学校中唯一的教育活动，并使之脱离生产生活实际，结果使受教育者仅得到片面的发展。因此，在确定体育健康课程的性质时，须充分考虑现代生产生活方式的特点，不能使之脱离生活实际。

随着电子计算机、生物科学、材料科学、信息科学为代表的科学技术迅猛发展，社会劳动生产方式发生了巨大的变化，严重地影响着人们的健康状况。例如，在劳动过程中，伏案工作方式导致人的体力付出越来越少，脑力付出越来越多；竞争的日趋激烈和工作节奏的加快，使得人们的压力越来越大，精神越来越紧张；现代化的生产方式导致生产过程中人际交往减少、人际关系淡漠等；城市化的生活从根本上改变了人类的面貌，在给人们带来了舒适与便利的同时，也带来了大量的问题，如活动空间的缩小、体力劳动与体力活动的减少、饮食中高脂肪和高蛋白质摄入量的增多等。这些都直接影响着人类的健康。

### （三）根据社会的需要设置体育健康课程的内容

社会的发展及其所带来的人类新的健康问题，要求我国的体育课程改革关注学生的健康发展，培养学生的运动爱好和专长，促进学生养成锻炼身体的习惯，提高学生自己维持健康的能力等。因此，我国高校体育健康课程标准非常注重培养学生的健康意识和体魄，以满足社会的需要。体育健康课程应充分考虑学生的学习需求，选择有利于为学生终身发展奠定基础的体育与健康基础知识、基本技能和方法作为学习内容，以提高学生的健康素养，培养学生的健康意识和良好的生活方式，促进学生在身体、心理和社会适应能力等方面健康发展，为提高国民的整体健康水平发挥重要作用。

## 三、教育学基础

传统教育强调严格训练，教学若不联系日常生活实际，学生就会被动地学习，把在学校接受教育看作一种负担，易产生强烈的厌学情绪。这种传统教育制度培养出来的人已不能适应社会发展的要求。在这种形势下，教育面临着前所未有的变革，各种新教育理论应运而生，并成为我国体育课程改革的理论基础。

### （一）进步主义教育理论

1.强调"完整的人"的教育

进步主义教育理论认为，传统的教育忽视了学生的需要，限制了学生的生长，教学不能引起学生积极主动地活动。进步主义教育理论强调以实用主义为基础，认为学生所学的知识和技能必须对将来有用。也就是说，学生所学的要与现在及将来联系起来，并内化成为个人的知识。一切教育的最终目的是形成人格。在这样的教育思想指导下，我国高校体育健康课程标准十分强调"以学生的发展为中心"，尊重学生的情感和需要，充分发挥体育健康课程的育人功能，在增强学生的体能和提高运动技能水平的基础上，注意发展学生的良好心理素质和社会适应能力，使他们逐步形成健康的生活方式和积极进取、充满活力的人生态度，从而得到全面、健康的发展。

2.强调活动教学和学生的主动学习

进步主义教育理论主张通过"解决问题"的方式进行学习，提倡"从做中学"，而不是简单地灌输知识，强调教学的实践性；认为教育应当是主动的，并要与学生的兴趣联系起来，强调学生有自然发展的自由；学生的学习过程不仅是由教师或教材决定的，而且应当由学生自己根据社会的需要来决定；教师应当为培养学生的创造性和自我表现提供充分的机会。进步主义教育理论提出，学生的兴趣与需要是教育的出发点，更是课程设计的指导思想。当然，这并不是说学生在学习过程中就可以随心所欲，他们仍需要教师的指导和引导。因此，我国高校体育健康课程标准首先就明确指出了体育健康课程的实践性，把体育健康课程界定为一门以身体练习为主要手段的课程。同时，体育健康课程在目标的确定、教学内容的选择和教学方法的更新上，都特别关注学生的学习兴趣、爱好和个性发展，强调学生应在对运动项目的选择和学习过程中，培养运动爱好和专长，掌握科学锻炼身体的方法，提高体育实践能力，养成坚持体育锻炼的习惯，最终形成健康的生活方式。

3.强调师生的民主与平等

进步主义教育理论认为，教师的作用不应是发号施令和监督，而是鼓励、建议和劝告。因为学生所要学习的东西是由其需要和欲求决定的，他们的发展应由他们自己来规划，教师只是引导他们学习。进步主义教育理论鼓励教师运用学生的所有感官训练其观察力与判断力，把大部分时间用于指导学生如何获得和运用各种知识上。体育健康课程应强调教学过程中的师生互动过程。教师的教主要是为学生的学服务的，教师应改变过去单一的灌输式教法，改变过于注重讲解、示范的教学形式，给学生的体育健康课程学习留有充分的活动时间和空间，让学生采用适合自己的方式进行学习。

## （二）后现代教育观

后现代主义非常重视人们的体验，以便人们在放弃了完全依靠理性的合理方法解决问题的同时，能够找到新的更为合理的解决方式。这一新的思维方式对教育的影响表现为重视个人选择和参与。

1.强调师生平等，主张学生自主学习

后现代主义认为，教育应是学习者主动获取信息和自我教育的过程，其中，学习者自主的、多样性的选择是他们发展的关键性因素。后现代主义认为，在教学过程中，教师和学生之间只存在一种持续的平等对话的关系。在这种对话过程中，教师和学生一起围绕具体的问题情境，从各自不同的立场给出自己的思考。我国体育健康课程也十分强调教学过程是师生交往、共同发展的过程。高校体育课程标准提出，在教学中教师应转变角色，摒弃"以教师为中心"的观念，努力成为学生学习的促进者，以教促学、互教互学、相互尊重、相互补充，与学生一起加强对体育健康课程的理解，共同创设和谐、民主的教学环境。体育健康课程还强调要充分发挥学生的独立性和能动性，让学生根据自己的兴趣和爱好选择运动项目进行学习，并鼓励学生自主设置学习目标、发展学习策略、进行自我监控和评价，培养学生自主学习的能力。

2.强调差异性，主张因人而异进行教学

后现代主义强调发展维护个性的差异性教育方式，即在教育活动中，建立师生间多种复杂的关系，必须与不同的学生建立各种不同性质的关系，对不同的学生施加不同的影响，做出不同的评价。这有助于学生的完善发展，充分表现学生丰富多样的情感、意志、动机、兴趣。在这种观念的引导下，学校不应成为制造单一模式产品的工厂，而应成为塑造各具个性差异的人的重要基地。我国高校体育健康课程标准非常关注学生的个体差异，强调教师应提供给学生个性化发展的时间和空间，根据学生的兴趣与爱好进行选项制教学。在教学评价上，高校体育健康课程标准明确提出，体育健康课程的学习评价应考虑学生在体能、运动技能等方面的差异，从而充分激发与调动每一位学生学习的积极性，挖掘每一位学生的学习潜力，促进学生的进步和发展。

3.强调多样性，培养学生的创造性

在教育观念上，后现代主义认为所有的方法都有其局限性，没有千古不变的教条。后现代主义主张容纳一切思想，摆脱僵化的形式理性，从个体的差异性出发建立一个开放的、多元的教育系统，塑造具有丰富内容和自由个性的主体，使教育成为能动的解放式的教育，把受教育者从现代理性及与这种理性相联系的社会禁锢中解放出来。这就意味着把教育变成自主的教育，使其成为训练学生批判性思维和个性自由发展的过程。我国体育健康课程非常重视探究意识和创新精神的培养，注重提高学生探究学习的能力；无论是课程目标的确立，还是课程实施的过程，都表现出多元主义的思想。尤其是在教学评价上，高校体育健康课程标准要求体育健康课程采用评价内容多元、评价方法多样、评价主体多元的评价体系，以强化评价的激励和反馈功能，淡化评价的甄别和选拔功能，促进学生不断进步与发展。

## （三）终身教育思想

终身教育思想认为人的发展是通过一生来完成的，教育，不能停止在儿童期和青年期，只要人还活着，就应该是继续的。正如一些学者所理解的那样，终身教育的思想火焰正在以席卷全球之势熊熊燃烧，它那炽热的光芒正在使当代教育的理论与实践发生翻天覆地的变化。终身教育思想的兴起与发展对我国的体育课程改革产生了很大的影响：首先，终身教育思想的发展为终身体育思想在我国的传播奠定了坚实的理论基础；其次，终身教育思想为我国的体育课程改革指明了方向。在终身教育思想的要求下，体育健康课程着眼于现在和将来，精选能适应时代要求的体育与健康基础知识、基本技能和方法，培养学生的运动爱好和专长，促进学生体育锻炼习惯和终身体育意识的形成，为终身体育奠定良好的基础。

### （四）全纳教育理论

全纳教育是指加强学生参与的一种过程，主张促进学生参与就近学校的文化、课程、社区的活动，并减少学生被排斥的情况。全纳教育主张教育平等，取消特殊学校；主张教育多样化，要求我们的学校应根据学生的不同需求进行教学。这是一个根本性的转变，是从探讨特殊教育领域的问题转到解决普通教育的问题。因此，全纳教育的新理念对教育改革和发展具有重大的意义。体育健康课程应强调学习评价的反馈与激励功能，强调通过评价促使每一位学生进步与发展；反对学习评价的甄别与选拔功能，反对通过学习评价把学生分成三六九等，使所谓的"优生"得到教师的青睐，而所谓的"差生"却消失在教师的视野之中。我国高校体育健康课程标准明确规定了课程的实践性，强调要让所有学生参与体育活动，让所有学生在体育与健康学习活动中受益。

## 第二节　体育健康课程的设计思路

体育健康课程建设的历史经验表明，确定科学的课程设计理念和选择正确的课程目标同样重要。

### 一、根据课程目标与内容划分学习领域

过去是以运动项目来确定学习领域，现在是以体育的功能来确定学习领域。这样做主要是为了强调以下三点。

第一，学生的运动表现。运动参与行为和运动技能状况仍然是体育健康课程

学习的主要形式，但掌握运动技能并非体育健康课程学习的唯一内容和目的，改善学生参与体育的态度和程度，同样是体育健康课程学习的目标。

第二，学生的健康包括身体健康、心理健康。社会适应能力的发展是课程学习的主要目标和重要内容。

第三，学生的运动行为表现，包括运动兴趣、爱好、习惯及其对自身健康和社会健康方面的责任感和能力，这也是课程关注的重要问题。

须强调说明两点：一是五个学习领域构成了体育与健康课程的内容体系，它们相互联系、相互影响，任一学习领域都不能脱离其他学习领域而独立存在；二是身体健康、心理健康和社会适应三个学习领域的目标，主要是通过运动参与和运动技能的学习实现而不是通过知识教育方式来完成。

## （一）课程目标与课程内容的关系

课程目标是对学生通过课程学习预期应达到的要求的陈述，它一般是由国家的课程标准或课程指导纲要明确规定的。课程目标通过课程学习最终实现，是课程内容和全部教学活动的出发点和归宿。体育健康课程目标与课程内容存在着以下关系。

第一，课程目标为体育健康课程内容和教学方法的选择提供依据，它对"什么样的知识和教学方法最有价值"做出判断，并界定了课程的内容范围。

第二，课程目标为体育健康课程教学活动的组织提供依据，它决定了课程的性质和类型，也决定着课程内容的结构方式及教与学的组织形式。

第三，课程目标影响着教与学的方法与策略。课程目标为体育健康课程评价和教学评价提供依据，它构成了对课程内容和教学活动进行价值判断的基本标准。

为了扬长避短，在确立目标体系时，高校体育健康课程标准尽可能充分地考虑了体育学科自身的特点和社会对体育健康课程学习的需要。一方面，在设计课程时以体育的学科体系和学科特点为基础，把构成学科基础的基本知识（包括认知性知识和操作性知识）作为课程目标的基本内容，并按照学科知识体系的逻辑结构来确定课程目标体系。例如，把田径和健康教育的内容作为学习高校体育健康课程的共同基础就是基于这样的考虑。另一方面，充分考虑体育对改进社会面貌、满足社会需要的作用，把个人在体育健康方面的权利与义务、终身体育意识和习惯等列入课程目标，并据此确定了相应的课程内容。

## （二）体育健康课程目标分类和课程内容

根据课程目标和设计思路，高校体育健康课程标准只是确定了体育健康课程的内容框架和选取原则。在课程实践中，应精选既受学生喜爱又对促进学生身心发展有较大价值、有利于为学生终身发展奠定基础的体育健康基础知识、基本技能和方法，并根据高校体育课程标准的要求和体育学习的规律组织课程内容和教学，保证学生在身心健康发展的基础上能够学有专长，并能加以运用，以充分体现课程内容的基础性特征。学校可以根据国内外体育的发展趋势，按照高校体育健康课程标准的精神随时补充新的教学内容，以充分体现课程的时代性特征。

表3-1所示为大学体育健康课程目标体系，它实际上也是高校体育健康课程标准所采用的目标分类体系。高校体育健康课程标准在选择课程内容时，就是根据这个目标体系进行的。运动参与、身体健康部分的内容即表3-1中的"身体发展"，并参照"情感态度"目标的要求，把能否带动和影响他人作为区别水平五和水平六的主要标准；运动技能部分的内容包含了表中"认知"和"动作技能"两个部分目标的指向，并把"应用"和"熟练"作为对水平五的普遍要求，同样把能否带动和影响他人作为区别水平五和水平六的主要标准；心理健康和社会适应两部分的内容是对表中"情感态度"目标的分解，分解的主要依据是"对自己"（心理健康）和"对他人和社会"（社会适应）。

表3-1  体育健康课程目标体系

| 分类 | 水平 | 含义 |
|------|------|------|
| 身体发展 | 无病 | 无传染性和非传染性疾病，身体形态和机能正常 |
|          | 健康 | 有充沛的精力和良好的体能 |
| 认知 | 记忆 | 能回忆、记住动作要领和有关知识 |
|      | 理解 | 理解动作要领和有关知识；能将知识从一种形式转换为另一种形式 |
|      | 应用 | 运用已知的知识解决问题；运用已知的知识解决复杂问题；有独立学习和合作学习的能力 |
| 动作技能 | 体验 | 通过看、听、试感知并体验某个动作 |
|          | 模仿 | 仿照图形或示范动作进行练习 |
|          | 组合 | 将单个或分解的动作组合起来练习 |
|          | 熟练 | 正确连贯地完成完整动作；准确自如地完成完整动作 |

续表

| 分类 | 水平 | 含义 |
|------|------|------|
| 情感态度 | 接受 | 遵从；愿意接受并理解规则；主动接受、予以配合并能运用规则 |
| | 兴趣 | 为体育过程本身所吸引而产生积极情绪和意向；对体育活动具有持久、稳定的爱好 |
| | 态度 | 具有正确的体育意识；形成良好的体育行为和习惯；带动他人并表现出对社会的责任感 |

## 二、根据学生身心发展的特征划分学习水平

根据学生身心发展的特征和学习内容的可接受性程度，确定不同年龄段学生的学习任务，是一切课程在具体设计时都必须考虑的首要问题。但是，与心理和智力发育相比，青年与儿童在身体发育方面表现出更大的个体差异性，更加不受社会环境因素的影响。因此，如果按照学生的自然年龄来确定学生的学习任务，按严格的技能尺度去要求和评价每个学生的体育学习内容，势必造成学生学习差距的扩大。这种差距不但不能真实、全面地反映学生的发育状况和体育学习状况，而且不利于学生良好体育行为和兴趣的形成。因此，高校体育健康课程标准没有采用按年级划分学生学段的方式，而是根据学生身心发展的规律和体育学习的特点，将大学生的体育健康课程学习划分为六级水平，并设置相应的水平目标。水平一、水平二相当于大学一年级，水平三相当于大学二年级，水平四相当于大学三年级，水平五相当于大学四年级。考虑到学校和学生各方面的差异，高校体育健康课程标准设立水平六作为大学阶段学生学习体育健康课程的发展性学习目标，其他阶段的学生也可以将高一级水平目标作为本阶段学习的发展性学习目标，以满足学有余力的学生进一步发展的需要。

水平目标的构建采用三种不同的方式：第一种为递进式目标，即在不同的水平对同一内容的学习逐步提高要求；第二种为侧重式目标，即在某一水平侧重学习某些内容，但在其他水平也需要学习这些内容；第三种为完成式目标，即在某一水平阶段学习完成某些内容后，在其他水平阶段不再出现这些内容。这样做的目的主要是为了适应学生身体发育的个体差异，更好地照顾发育较迟缓、运动能力较差的学生和有运动天赋的学生的体育学习需要，以便更好地贯彻面向全体学生、使每一个学生都受益的原则。

## 三、根据可操作性和可观察性要求确定学习目标

### （一）体育健康学习目标的性质与取向

体育健康课程目标指向的是体育健康学习中不同领域的"一般反应模式"，体育健康学习目标则指向体育教学过程中的具体行为方式。体育健康学习目标来源于体育健康课程目标，是预期的学生学习的结果或学习活动预期应达到的标准。体育健康学习目标是课程目标的进一步具体化，其由教师根据有关教育法规、高校体育健康课程标准和各方面实际情况制定。它是指导教学活动设计、实施和评价的基本依据，对教学活动具有导向、指引、操作、调控、测评等功能。学习目标通常在"单元"或"课"的教学计划方案中按照课程目标分别陈述。表现出不同价值取向的四种典型的课程目标模式：普遍性目标模式、行为目标模式、生成性目标模式和表现性目标模式。这种区分也同样可以用来对学习目标进行分析。

1.普遍性目标模式

普遍性目标是一种古老的学习目标取向，它建立在一般意识形态或社会政治需要的基础上，表现为具有某种哲学或伦理学倾向的一般教育宗旨或原则，是这些一般原则或宗旨在教学中的直接应用。它的优点是具有普适性，便于教师创造性地在教学中加以应用和解释；其缺陷主要是不够科学、严谨，容易受经验局限或流于形式。

2.行为目标模式

行为目标是将学习目标表述为具体的、可操作性的行为。布卢姆的教育目标分类学被认为是行为目标取向的一个范例，行为目标模式也因此成为课程与学习目标设计的一种主流模式。行为目标模式具有三个典型的特征：目标具有层级结构；目标以学生具体的、外显的行为来陈述；目标超越了单一学科的内容。这种目标模式创造性地处理了教育学和心理学的关系，为教育及课程理论与实践提供了富于启发性的框架结构。

3.生成性目标模式

与行为目标主要表现为先于教学过程而制定的课程教学文件或指令不同，生成性目标是教育情境的产物和问题解决的结果。它是在教育情境中随着教学过程

的展开而自然生成的学习目标，是问题解决的结果和学生经验生成的内在要求。过程性是生成性目标模式的最大特点。生成性目标模式消解了教学过程与结果、手段与目的之间的二元对立，学习成为学生自己的事，它有助于终身学习。

4.表现性目标模式

表现性目标是作为教学性目标的补充而提出来的，教学性目标的描述与行为目标的描述十分接近，教学性目标旨在使大多数学生掌握现成的文化工具，它规定了学生在完成一项或几项学习活动后应该习得的具体行为。表现性目标旨在培养学生的创造性，这种目标模式类似我国的主题教学。

## （二）高校体育健康课程标准中的学习目标取向

高校体育健康课程标准采用的是一种综合的课程学习目标取向模式。根据体育健康课程的实践性特征和体育知识的操作性特征，它对学习目标的描述采取了以行为目标模式为主，同时根据学习内容性质的不同，采用了其他三种目标取向模式的方式。具体地说，就是将学生通过体育健康课程学习之后应该达到的目标，表示为具有层级结构、以学生具体的和外显的行为为主要特征的综合目标体系。这是对体育健康课程和学习目标描述的一种全新尝试，其目的是使学生的预期学习结果，特别是过去难以处理的在情感态度等方面的变化尽可能外显，以促进体育健康课程目标的全面实现。

## （三）体育健康学习目标设置和表述的原则

为了确保学习目标的达成和学习评价的可行性，学习目标必须是具体的、可观察的。高校体育健康课程标准中的有关部分根据学生的年龄特征和行为科学、社会心理学的有关原理，分析了学生通过体育健康课程学习后相应在情感、意志、行为等方面的预期表现，并将它们作为相关方面的学习目标，这就使学习目标由隐性变为显性，由抽象的原则性要求变为可以观察、测试的行为表征。同时，对学习目标的陈述，也注意尽可能采用科学的方式和准确的术语，以便让学生在学习时自我认识和体验，也便于教师对学生进行观察和评价。教师可以通过对学生情感、态度和行为习惯表现的观察与水平五或水平六的目标相对照，判断教学活动的成效，从而有效地保证体育健康课程目标的全面实现。

高校体育健康课程标准的课程学习目标主要有两类：一类是结果性目标，

一类是体验性目标。结果性目标指向可以结果化的课程学习目标，主要用于"运动技能"和"身体健康"学习领域；体验性目标或表现性目标指向无须结果化或难以结果化的课程学习目标，主要用于运动参与、心理健康和社会适应学习领域。

高校体育健康课程标准列举了一系列行为动词来描述结果性目标和体验性目标，以区分学习结果的层次性，如大学体育健康课程学习目标的行为动词。教师应根据高校体育健康课程标准对不同层次学习结果的要求，选择恰当的行为动词来描述学习目标，加强教学设计的可操作性和教学质量的可测性。

## 四、根据三级课程管理的要求加大课程内容的选择性

对课程实行分级管理，加大地方和学校在课程建设中的自主性，是近几十年来课程建设和改革的一项重要举措。高校体育健康课程标准在继承有关做法的基础上，加大了按照三级课程管理的要求推进课程建设的力度。这主要体现在以下三个方面。

第一，高校体育健康课程标准重视"一标多本"的原则，即各地，甚至一些具备资格的人士，都可以按照高校体育健康课程标准的精神和要求，经适当程序获批准后组织编写、出版教材，这有助于编写出更能适合不同地区需求的、学术观点多样化的、风格丰富多彩的教材，从而促进体育健康课程建设的发展。

第二，高校体育健康课程标准对教学内容的选取做了特别灵活的处理。在此前不断加大选修教材比例的基础上，高校体育健康课程标准彻底放弃了对具体教学内容的规定，而只是规定了学习内容选取的原则和范围，而且这个范围是开放的、动态的、发展的。具体学习内容的确定，则要由各地学校根据体育健康课程标准的精神和要求及各方面的实际情况自行决定。这就使各地学校在实施高校体育健康课程标准时有了更大的自由度和更多的灵活性。

第三，高校体育健康课程标准确定了逐步减少运动项目学习的原则。在大学一年级，学生要学习的内容比较多，一方面是因为这个阶段的学生需要进行全面锻炼，以促进身体的全面发育；另一方面是因为这个阶段的学生天性好动，多接触一些运动项目有利于他们对体育健康课程的全面了解，以培养对运动的广泛兴趣。到了大学二、三年级，学生的兴趣开始趋于定向集中发展，即逐渐形成爱好。根据这个特点，学校可以按照内容标准中各水平的规定，根据各方面的条件

和学生的兴趣，在每一类运动项目（如球类、田径）中选择若干项目作为教学内容。在大学四年级，大多数学生已经形成了各自的爱好或志趣，学校应引导学生在学校确定的范围内，选择一两个项目作为重点学习的内容，以提高他们的运动能力，发展他们的爱好、习惯。

那么，如何根据课程目标来组织课程内容呢？高校体育健康课程标准所采用的是在确立部分必修内容之外，主要以运动技能的内在逻辑为中心，同时完成五个方面课程目标的结构体系，但每个学生运动技能学习的具体内容则由学校和学生个人共同决定。这在表面上类似过去按运动项目分类的课程结构，但由于学校和学生参与了课程建设的过程，因此这种课程结构实际上与过去有本质上的区别。

第一，过去学生在大学阶段要学习的内容不是由学校和学生自己决定的，而是由课程专家决定的，因而在适应学生的需求和兴趣方面，两者之间存在着极大的差异。

第二，过去学生学习的内容结构是先验的，即田径、球类、体操等的学习顺序是由课程专家事先决定的，而事实上这种先后顺序对体育健康学习过程而言并不具有严格的科学意义。而现在学生一旦按照高校体育健康课程标准选择了技能学习的内容即运动项目，课程的结构将由运动项目学习的内在逻辑性决定。

在考虑课程结构的时候，实际上还有两个不容回避的问题，即如何认识竞技运动在体育健康课程中的地位和课程的内容、比例问题。

第一，关于竞技运动问题。按照高校体育健康课程标准的要求，每个学生，特别是在大学阶段的学生，所学运动项目的数量明显减少，学生选择学习的运动项目可能只有两三项，最多五项，但用于每个所学项目的总学时则大大增加。大学生可以把整学期甚至整学年的体育课时用于系统学习其自主选择的运动项目，这将极大地促进学生运动水平技能的提高。新课程反对的是采用竞技化的方式进行体育健康教学和评价，丝毫没有反对在体育健康课程中进行运动教育。从各实验区的实验情况看，新课程实施在提高大学生运动技能水平上的效果十分明显。

第二，关于课程内容和比例是否应更明确具体的问题。在高校体育健康课程标准的研制过程中，曾经有人对课程内容的陈述和结构方式提出疑问，认为高校体育健康课程标准缺乏对课程内容的具体规定，对各方面内容的比例也缺乏明确规定，因而建议"提出明确的内容体系"或编写"高校体育健康课程标准分纲或分项资料"。提出这个问题的主要原因是，高校体育健康课程标准不像历次教学大纲那样详细规定每学年应完成的运动技术教学项目的课时比例、技术动作、战术动作、考核项目和方法、技术教学的辅助练习，而是要求任课教师根据高校体育健康课程标准的要求和本校及学生的实际情况选择适当的教学内容。事实上，高校体育健康课程标准对课程内容的范围和程度要求等均有明确、具体的规定，有完整的内容标准，且只规定模块化的内容标准而不明确规定不同课程内容的比例。这是为了便于教师能在教学时根据学生的学习进程和要求进行灵活调整，使学校、教师和学生都有更大的选择权。

## 五、根据课程的发展性要求建立评价体系

传统体育健康课程的评价基本上是一种终结性评价，所采用的方法则是一种标准化测试。它的基本特征是在公平、公正的旗号下，用统一的运动成绩考核作为对学生学习、教师教学及课程实施的主要（更多时候是唯一的）评价标准和评价方法。在实践中，常常是教什么考什么，偏重于生物性的评价，评价内容也与学习目标脱离。它既不能全面反映课程目标的要求和学生学习的结果，不能很好地发挥促进学生学习的作用，又很容易挫伤出于遗传等客观原因导致运动技能学习方面存在困难的学生的学习积极性，更不是评定学生健康状况的最佳手段。它所造成的严重后果之一，是大多数学生在体育健康学习中得到的是消极的评价和失败的体验，只有少数学生在理论和实践中被认为是优秀的。

在这一轮课程改革中，要求"建立促进学生素质全面发展的评价体系""建立促进教师不断提高的评价体系"和"建立促进课程不断发展的评价体系"。高校体育健康课程标准力求突破注重终结性评价而忽视过程性评价的状况，提出了强化评价的激励、发展功能而淡化其甄别、选拔功能的基本原则，据此课程评价提出了相应的建议。高校体育健康课程标准在构建评价体系的时候，把学生的学习态度、情意表现和合作精神、体能、知识与技能纳入学习成绩评定的范围，并让学生参与评价过程，以体现学生学习的主体地位，提高学生的学习兴趣。

# 第三节　体育健康课程的目标体系

课程目标"是指导整个课程编制过程的最为关键的准则"。体育健康课程目标是指高校学生通过体育健康学习与活动所要达到的预期学习结果，是大学教育目标在体育健康课程中的具体体现，是体育健康课程编制、实施、评价的准则和指南。体育健康课程的实施首先必须制定符合新时期大学培养目标、体育健康课程设计理念和目标。体育健康课程目标是选择体育健康课程内容与方法的重要依据，它将对什么样的体育健康知识与技能最有价值及什么样的体育健康方法最有价值进行判断，为体育健康课程的组织（包括体育健康课程组织的类型、体育健康课程教学的组织形式等）提供依据，为体育健康课程的实施指明基本的方向，同时为体育健康课程评价提供依据。

## 一、体育健康课程总目标

### （一）制定体育健康课程目标的依据

1.现代社会发展的需求

体育健康课程目标始终是与社会发展的需要紧密相关的。身心健康是国家发展、社会进步和个人幸福的重要物质基础之一。因此，人类的健康已成为21世纪世界各国关注的焦点，而增进青年一代的身心健康则成为现代社会发展对体育健康课程改革的迫切需求。

实施素质教育，必须把德育、智育、体育、美育、劳育等有机地统一在教育活动的各个环节中。健康体魄是青年为祖国和人民服务的基本前提，是中华民族旺盛生命力的体现。学校教育要树立"健康第一"的思想，切实使学生掌握基本运动技能，养成坚持锻炼身体的良好习惯。因此，体育健康课程作为大学生的必修课程，其课程目标必须全面贯彻教育方针和素质教育的要求，为培养高素质的人才发挥重要作用。

2.大学生身心发展的特征

学生是构成体育健康教学过程的基本因素。学生既是体育健康教学的对象，又是体育健康学习的主体。学生的身心发展特点、学习潜能、学习积极性直接制约与影响体育健康课程目标的制定。教育者只有以学生的身心发展特点和规律为依据，同时结合学校的具体情况和学生学习、生活、锻炼的具体条件，才能制定出科学的、可行的体育健康课程目标。学生的身心特征具有一定的阶段性和个性差异，因此，体育健康课程目标的构建应以学生对现实的认识、对生活的体验、对精神的感悟和对未来生活的憧憬为依据。

3.体育健康课程的特点和功能

体育健康课程的特点和功能是制定课程目标的内部依据。体育健康课程制定的目标除受社会发展、素质教育要求、学生身心发展特征的制约外，在很大程度上是由体育健康课程本身所具有的特点和功能所决定的。

第一，体育健康课程是运动认知性课程。人们的认知可以分为三种：概念认知——主要是通过语言等形成的认知；感觉认知——主要是通过感官系统形成的认知；运动认知——主要是通过人体本体感觉形成的认知。体育健康课程在很大程度上属于第三种认知。体育健康课程主要是进行运动活动与身体练习，并通过这些运动活动与身体练习实现体育健康课程的目标。

第二，体育健康课程是生活教育课程。体育健康课程不是为学生将来从事某一专业或职业直接提供认知基础，而是为学生现在与将来能够快乐、健康、幸福地生活，充分感受人的旺盛生命力，体验丰富的情感，增强意志力服务。体育健康课程是学生现实生活的一个重要组成部分，是学生未来生活的重要准备。

第三，体育健康课程是情意性课程。情意性课程是指通过课程体验改造人的主观世界的课程。体育健康课程对人的情感与意志力的培养具有其他课程无法取代的作用。学生在进行运动性认知的过程中涉及情感、情绪、态度、价值观等；学生的主观世界主要是通过活动的体验，在一系列的情感与意志冲突中不断升华。这些过程对人格的发展、个性的形成具有重要的影响。

第四，体育健康课程是综合性课程。体育健康课程涉及体育、生理卫生、心理健康、环境方面，还涉及身体发展、人际关系、运动技能技巧等方面，因此具有鲜明的综合性。

体育健康课程的主要功能有健身功能、教育功能、个体社会化功能、娱乐功能、竞技功能等，其中健身功能和教育功能是体育健康课程的本质功能。由于体育健康课程的目标是以人们对体育健康课程功能的认识为基础的，因而体育健康课程的目标只有以体育健康课程功能为依据，才有可能实现。

### （二）体育健康课程的目标

能否正确制定体育健康课程的目标是课程目标能否充分发挥指引、导向作用的关键。体育健康课程的目标对于体育健康教学实践的指引主要表现在课程目标应十分明确，应该让不同的人从课程目标中对所期望的结果获得相同的理解，这样，目标才能发挥作用。高校体育健康课程标准中对体育健康课程目标的表述，改变了以往模糊、含混、笼统的表述方式，将行为目标与表现性目标有机结合起来。所谓行为目标一般是可以观察、可以测量或可以示范的，它清楚地阐明了学生应该干什么、应该达到什么程度。行为目标通常包括四个要素：行为主体、行为动词、行为条件和表现程度，如"掌握常见运动创伤的简易处理方法"。行为目标与表现性目标结合运用，有利于引导教师将体育健康课程学习的结果与体育健康课程学习的过程有机结合起来，也有利于学生将显性学习与隐性学习有机结合起来，真正实现体育健康课程目标、内容、过程、评价的统一。

1.课程的目标体系

体育健康课程目标是体育健康课程的重要组成部分，其具体目标共包括五个方面：增强体能，掌握和应用基本的体育健康知识和运动技能；培养运动兴趣和爱好，形成坚持锻炼的习惯；具有良好的心理素质，表现出人际交往的能力与合作精神；提高对个人健康和群体健康的责任感，形成健康的生活方式；发扬体育精神，形成积极进取、乐观开朗的生活态度。

上述五个方面的目标构成了体育健康课程的整体目标，它们之间是互相联系、互相融合的。从体育健康课程目标可以看出，该课程不仅要求学生增强体能，掌握基本的运动知识和运动技能，而且期望学生形成坚持体育锻炼的习惯、健康的生活方式和积极进取、乐观开朗的生活态度等。

体育健康课程标准主要根据课程目标划分领域目标，根据领域目标划分水平目标，从而构成了"课程目标—领域目标—水平目标"三个递进的目标体系。

2.课程的具体目标

第一，增强体能，掌握和应用基本的体育健康知识和运动技能。

第二，体能是指人体各器官系统的机能在身体活动中表现出来的能力，良好的体能可以保证人们正常的生活和学习，使人不易感到疲劳，并且有余力享受休闲和应付所遇到的压力。体能包括与健康有关的体能和与运动技能有关的体能。前者包括心肺耐力、柔韧性、肌肉力量、肌肉耐力、身体成分等，后者包括从事运动所需要的速度、力量、耐力、灵敏、柔韧等。增强体能是体育健康课程的重要目标。

第三，掌握和应用基本的体育健康知识和运动技能，是体育健康课程文化传承的目标。课程目标不仅要求学生掌握体育健康知识与技能，更重视学生对体育健康知识与技能的应用，即将所掌握的知识、技能应用于体育锻炼实践和生活实践。

第四，培养运动兴趣和爱好，形成坚持锻炼的习惯。形成坚持锻炼的习惯是体育健康课程要达到的重要目标，学生只有真正形成了锻炼习惯，才能自觉地坚持锻炼，才能切实地为终身体育奠定基础，才能使体育锻炼成为生活中一个不可或缺的重要组成部分。

第五，具有良好的心理素质，表现出人际交往的能力与合作精神。

第六，体育健康课程不仅要增进学生的身体健康，而且要增进学生的心理健康和社会适应能力，促使学生身心全面发展。体育活动对提高学生的心理健康水平和社会适应能力具有重要的促进作用，这是由体育活动本身的心理特性和社会特性所决定的。因此，在体育健康教学中，如何有效地通过体育实践活动来促进学生心理素质和社会适应能力的提高，是每一位体育教师应重视的问题。

第七，提高对个人健康和群体健康的责任感，形成健康的生活方式。健康的生活方式对每一个学生的生活质量和身心健康具有长远的影响和作用。虽然健康生活方式的形成受到学校中多门课程的综合影响，仅靠体育健康课程是不够的，但体育健康课程可以结合本门课程的特点来促使学生形成健康的生活方式。另外，应使学生将个人的健康和群体的健康看成一种社会责任，因为个人的健康不仅是个人幸福的需要，也是国家和社会进步的需要。在使学生关注自己健康的同时，还要学会关注他人的健康。发挥体育的育人功能是体育健康课程十分重要的目标，体育健康课程的育人目标必须结合体育的特点，通过体育健康教学过程来实现，使学生在这一过程中形成积极进取、不畏困难、敢于拼搏、乐观开朗、热爱生活的积极态度和爱国主义、社会主义、集体主义的观念。

总之，体育健康课程的目标重视对人的培养。

## 二、体育健康课程五个方面课程内容的目标

### （一）划分五个方面课程内容的原因

课程内容，也称学习领域或学习维度，是指在体育健康课程中，按学习目标与内容性质划分的学习范畴。

1.是世界体育健康课程发展的一种共同趋势

世界发达国家和地区新一轮课程改革所制定的体育健康课程标准或健康体育课程标准，大多是以学习领域来划分学习内容的。美国加利福尼亚州的体育健康课程标准将学习内容划分为运动技术和运动知识、自我表象和个人发展、社会发展三个学习领域。澳大利亚维多利亚州的体育健康课程标准将学习内容划分为基本的运动模式和协调的身体活动、体能的概念、身体活动及生长和发展、有效的人际关系、个人特征、安全、挑战和冒险、食物和营养、健康等学习领域。新西兰的体育健康课程标准将学习内容划分为个人健康和身体发展、与他人的关系、运动概念和技能、健康社区和环境四个学习领域。

2.有利于更好地体现三维健康观和拓宽体育健康课程的学习内容

世界卫生组织给"健康"下了一个明确而全面的定义：健康不仅是没有疾病和不虚弱，而且是在身体、心理和社会各方面都保持完美的状态。也就是说，健康包括身体健康、心理健康和社会适应三个维度。依据三维健康观重新构建的体育健康课程内容，将超出以往体育健康知识与技能的范畴，体育活动中的情意体验、对体育的人生感悟，如"在体育活动中充分展示自己的运动能力""在不断进步的过程中培养自尊和自信""在体育活动中表现出坚强的意志品质"，都成为体育健康课程学习的内容。

### （二）课程内容的划分

体育健康课程改变了过去按运动项目划分课程内容和教学时数的框架，根据三维健康观、体育本身的特点及国外体育健康课程发展的趋势，将不同性质的学习目标与内容划分为运动参与、运动技能、身体健康、心理健康和社会适应五个方面。这五个方面主要由两条主线构成：一条是运动主线，包括运动参与和运动技能，是其他方面目标与内容学习的基础，同时运动参与和运动技能的学习又必须以有利

于实现其他方面的目标为前提。另一条主线是健康主线，包括身体健康、心理健康和社会适应。课程内容五个方面的划分是相对的，只是为了更深入地理解与把握体育健康课程学习的目标与内容，实际上五个方面是一个有机联系的整体，每一个方面都不能脱离其他方面而独立存在。如水平五的心理健康目标"在不断提高运动能力的过程中体验成功的感觉"，社会适应目标"正确处理体育活动中竞争与合作的关系"等，必须通过运动参与和运动技能这两个学习载体才能真正得以体现。这就要求同一个学习内容要兼顾多种学习目标，运动技能的教学要改变过去只是传授运动技术的方式，应成为完成多种学习目标（包括心理健康和社会适应的目标）的手段。五个方面的具体目标是指期望学生在各个学习方面达到的学习结果，课程总目标通过各个方面目标的达成而得以实现。高校体育健康课程标准将课程总目标细分为五个方面的具体目标，从而使课程对每一个方面的学习要求进一步明确化。下面主要以大学阶段水平五的目标为例做进一步说明。

1.运动参与目标

运动参与方面的学习目标是：具有积极参与体育活动的态度和行为；用科学的方法参与体育活动。运动参与是学生发展体能、获得运动技能、提高健康水平、形成乐观开朗的生活态度的重要途径。运动参与目标提示，课程非常重视通过形式多样的体育健康教学手段和丰富多彩的体育活动内容，培养学生参与体育活动的兴趣和爱好，形成坚持锻炼的习惯和终身体育的意识。不仅如此，还要使学生掌握科学锻炼身体的方法。大学阶段，要着重让学生体验参加体育活动的乐趣；要注重让学生形成终身体育的意识和能力。这一方面目标的提出表明，体育健康课程非常强调培养学生参与体育活动的兴趣和爱好，从一定意义上讲，甚至可以认为积极参与的态度与行为比仅仅学习某一运动技能更重要；体育健康课程强调学生积极参与体育锻炼的同时，还要求学生懂得科学锻炼身体的方法，提高在体育实践中运用科学锻炼理论的能力；体育健康课程应面向全体学生，充分考虑学生的身心特点和兴趣爱好，注重凸显学生学习的主体地位，给学生参与活动留有充分的时间与空间，鼓励学生进行自主学习和探究学习，以形成坚持锻炼的习惯，培养终身体育的意识与能力。此外，运动参与目标充分体现了体育健康课程的性质，有助于体育健康课程其他目标的实现。

2.运动技能目标

运动技能方面的学习目标是：获得运动基础知识；学习和应用运动技能；安

全地进行体育活动；获得野外活动的基本技能。运动技能目标是体育健康课程的主干学习目标，运动知识与运动技能的学习、改进、巩固与提高是体育健康课程学习的中心，并贯穿体育学习过程的始终。同时，运动技能的学习又是实现其他方面学习目标的载体。大学阶段，应充分尊重学生的不同需要，引导他们根据自己的具体情况选择一至三项运动项目进行较系统的学习，发展运动能力。

3.身体健康目标

身体健康方面的学习目标是：形成正确的身体姿势；发展体能；具有关注身体和健康的意识；懂得营养、环境和不良行为对身体健康的影响。身体健康目标强调，体育健康课程在重视引导学生积极参与体育活动、发展体能的同时，注意使学生了解营养、环境和不良行为对身体健康的影响，形成健康的生活方式，有效地提高学生的身体健康水平。根据学生身体发展的规律，要求学生在某一水平学习时侧重发展某些体能，并在其他水平学习时注意促进这些体能的发展。此外，在大学阶段还应要求学生着重了解营养卫生和青春期卫生保健常识，要求学生形成良好的生活方式。身体健康目标还强调学生的身体健康水平要与其体能状况紧密联系，要求体育教师根据学生体能发展的特征来确定目标、安排教学内容，全面发展学生的体能。

4.心理健康目标

心理健康方面的学习目标是：了解体育活动对心理健康的作用，认识身心发展的关系；正确理解体育活动与自尊、自信的关系；学会通过体育活动等方法调控情绪；形成克服困难的坚强意志品质。大学阶段，应侧重使学生了解和体验体育活动对心理状态的影响，侧重发展学生运用体育活动等方法改善心理状态的能力。

5.社会适应目标

社会适应方面的学习目标是：建立和谐的人际关系，具有良好的合作精神和体育道德；学会获取现代社会中体育健康知识的方法。社会适应目标表明，体育健康课程十分强调体育活动对发展学生的社会适应能力的独特作用。大量的研究与实践证明，经常参与体育活动的学生，其合作和竞争意识、交往能力及对他人、集体和社会的关心程度都会得到提高，而且学生在体育活动中所获得的合作与交往等能力能迁移到其日常的学习和生活中。这就需要在体育健康课程教学中营造友好、和谐的课堂氛围，采取有效的教学手段和方法，培养学生的社会适应能力。

# 第四章　体育教学设计理论体系的构建

## 第一节　体育教学设计理论

### 一、体育教师专业发展内涵的要求

从教师专业发展的内涵来看，根据教师所从事的工作特点，一般认为教师的基本素质要求应涵盖三个基本范畴：教师专业知识的发展（普通文化知识、任教学科知识、教育学科知识）、专业技能的娴熟、专业情意的健全。

教师必须具备从事教学工作的基本技能和能力，教师专业发展的过程也是一个专业技能不断形成、娴熟，专业能力不断提高的过程，这是体现"教师教学行为专业性"的重要方面。那么，教师专业发展过程中应关注哪些基本技能和能力呢？

国家要求师范生在教育学、心理学和学校教育理论指导下，以专业知识为基础，掌握从事学科教学的基本要求，形成独立从事学科教学工作的技能。这些技能包括以下几方面。

①教学设计技能。

②应用教学媒体技能。

③课堂教学技能。

④组织指导学科课外活动技能。

⑤教学研究技能。

在上述有关教师的职业技能要求中，第一条就要求教师具备"教学设计技能"，而教学媒体的应用、课堂教学技能、课外活动的组织指导、教学研究的技能等也都属于教学设计研究的范畴。体育教师是一个履行体育教学工作的专业人员，体育教学设计技能也是体育教师专业发展的要求。

体育（与健康）新课程，在课程功能、结构、内容、实施、评价和管理等方面都较以往有了重大创新和突破。它要求广大体育教师改变多年来习以为常的教育观念、教学行为和工作方式，重塑自我、重构课堂、重建教学，对教师专业发展提出了严峻挑战，促使我们必须在新课程背景下重新认识教师专业发展。

然而，纵观我国体育教师的教育培养，在体育教师专业发展的整个过程中，不管是职前的师范教育还是职后的体育教师在职进修、培训，都缺乏对体育教师专业技能——"体育教学设计"的培养，具体表现在理论的匮乏和课程的缺失上。

所以，构建体育教学设计课程的理论体系，使体育教师掌握体育教学设计方面的理论知识和实践技能，是体育教师培养和发展的专业理论结构的自我完善，是体育教师专业发展的要求，更是实施体育（与健康）课程标准过程中亟须解决的一个重要问题。

## 二、教学设计理论的整合

整合的教学设计理论要求教学设计者通过分析，将概念按照其重要性、复杂性和特殊性进行排列：教学先从大的、一般的内容开始，逐步集中于任务成分的细节和难点，然后又整合成一个较大的观念。通过这样的反复过程，学习者可以获得对这一知识的细致化的理解。

在20世纪90年代，建构主义理论对教学设计理论起了较大的作用。在这一时期，学习者与教学媒体、教学情境的结合是教学设计发展的一个重要特征。根据建构主义的观点，学习者具有积极的自我控制、目标导向和反思性特点，通过在学习情境中的发现过程和精加工行为，学习者能建构自己的知识。因此，可以利用灵活、智能化的处理来满足变化着的学习需求。建构主义这种强调教学整体性、变化性的思想导致教学设计理论中一个重要的思想变化：学生学习的内容应该是知识与技能的整合体，而不是各种子能力或任务的分解；教学设计的内容应该是与特定教学情境相联系的学生整体知识的获得与运用。

20世纪80年代末90年代初，教学设计的理论与实际工作者仍继续关注具体领域的能力结构及学习过程，并设计教学方案来促进这种能力的形成。在不同的教学方法中，无论是强调成分技能获得的掌握学习模式，还是强调整体能力提高的结构化学习模式，它们都蕴含着这样两种思想：①学习是情境化的，是一个积极运用原有知识来完成特定问题解决任务的过程；②问题解决策略的运用具有十分重要的作用。因此，在行为主义者眼中，学习者为情境所塑造；而在认知心理学研究者眼中，学习者积极地塑造情境来促进自己的学习。

## 三、教育教学设计理论的研究方法

### （一）文献法

在书店、图书馆、互联网收集、查阅有关教学设计、教育心理学、教育社会学、教育技术学、学校体育学等方面的与本研究有关的大量文献资料和研究成果，并对资料进行整理和归纳，为建立体育教学设计理论奠定基础。

### （二）调查、访谈法

专家调查法主要通过专家访谈和专家问卷调查来获得本研究基本论点的验证。

以实地调查研究和参与观察为主，同时也包括访谈法、问卷法和案例分析法，来获得体育教学设计的现状，是资料收集的关键方法。

### （三）逻辑学方法

运用逻辑学方法，在分析、比较诸如教学、学习、教学设计、体育教学理论、体育教学法等概念、本质和有关理论观点的基础上，提出体育教学设计的基本概念和理论体系，并提出了一些具有创造性的设想。

### （四）统计分析法

对调查所获得的资料和数据的处理，运用Excel制作调查统计表，并进行数据统计。

## 第二节  体育教学设计理论体系的构筑

体育教学设计是一项系统设计体育教学过程的教学技术，它揭示了体育教学设计工作的规律，并运用这些规律来指导体育教学实践，提出设计体育教学的实际建议，包括工作步骤和具体做法，以便广大体育教师和体育教学设计人员使用。

作为一名体育教师，几乎无时无刻不在做教学计划，包括年度计划、学期计划、单元计划、每周计划及课时计划等，而且这些不同水平的计划必须协调一致，并与整个教学的目标相一致，这就要求教师具有较高的教学设计水平。体育教学设计是一项复杂的技术，需要心理学、教育学及其他相关的学科知识作指导。只有掌握了这些基础的理论与技术，才能更有效地组织体育教学。

就体育教学活动进行设计，对广大体育教师来说并不陌生。在正式开始一堂体育课的教学之前，教师需要考虑学生现阶段的学习情况、下一步的教学目标和实现该目标的教学步骤；在教学过程中，教师需要考查学生的理解和掌握情况，并在教学完成后对教学目标的达成情况进行评价。所有这些都是体育教学设计的重要内容。

## 一、体育教学设计的概念

体育教学设计，亦称体育教学系统设计，是面向体育教学系统、解决体育教学问题的一种特殊的设计活动。它既具有设计的一般性质，又必须遵循体育教学的基本规律。

### （一）体育教学的概念

教学是通过信息传播促进学生达到预期的特定学习目标的活动。教学的目的在于使学生掌握原先不知道的知识，获得原先不具备的技能，形成原先所没有的态度，进而在原有基础上发展学生的智力。教学与教育的概念既有区别又有联系。"教育"一词的覆盖面较广，它代表了一切与人们学习有关的活动，既包括学校中系统的信息传递活动，也包括家庭教育、个人自学等。但要使学生能尽快掌握知识和技能，就必须对学习活动进行精心设计与安排，提供有利的学习条件。我们称这种有组织、有计划的教与学的活动为教学。目标指向性、组织性和计划性是教学活动的重要特点。

体育教学包括体育科学理论知识的教学和体育运动技术、技能的实践课教学，并且以后一种教学为主。体育教学作为一个教育过程，同其他学科的教学有相同之处，即都是教与学的双边活动，都是在教师的指导下，有目的、有计划、有组织地实现教育、教养、发展任务的过程。但体育实践课教学又有自己的特点：以身体活动为主要手段来传授和掌握知识、技术、技能。

体育教学是教与学的统一活动，是学生在教师有目的、有计划、有组织的指导下，积极主动地学习体育、卫生保健知识和基本技术、技能，锻炼身体、增强体质、促进健康、发展运动能力、培养思想品德的教育过程。

### （二）设计的概念

建筑有建筑设计、室内装潢设计，服装有服装设计，出版有封面设计、版式设计，教育也有教学设计。许多领域都把设计作为自己工作的一个有机组成部分。"设计"这个术语指的是，为了解决一个问题，在开发某些事物和实施某种方案之前所采取的系统化计划过程。设计与其他形式的计划的区别在于，它在计划过程中所要求的精确性、仔细性和科学性的程度不一样。设计者在系统地计划项目时必须非常精细和科学。因为他们知道，粗劣的行动方案会导致不良的后果，如造成时间、人力、物力和其他资源的浪费，甚至危及生命。教学设计者也特别担心不好的教学设计方案会产生乏味、无效的学习，其后果有时会非常严重。在体育教育方面，其后果便突出地表现在"学生喜欢体育，而大部分学生不喜欢上体育课"。

设计要科学、合理，要遵循一些基本标准，如大楼设计要服从安全第一这个原则。须考虑许多因素，这些因素会影响计划的实施。教学设计者也要考虑能影响教学取得成功的各种因素。下面将逐一指出并阐述体育教学设计者在制订体育教学设计方案时应该考虑哪些因素，并将它们纳入一个系统化的体育教学设计过程模式。

设计追求创造性。若由几个建筑设计师分别设计同样的项目，虽然人、财、物和环境等条件相仿，但提出的结构方案可能会极其不同，有些方案可能是富有想象力和创造性的，而有些则可能比较呆板和程序化。那些富有想象力和创造性的建筑会给人留下深刻印象，而那些平庸之作马上会被人完全忘记。正像建筑设计得益于创造性和想象力那样，教学设计的工作也是如此。虽然有关的体育教学设计理论会讨论到一些教学设计时需要操作的规则，但使用这些规则时必须赋以想象和独创，使设计出来的教学方案不仅切实有效，而且别具一格。

总之，设计几乎涉及人类社会的方方面面。人们为了达到某一目的就要精心构造达标的方案。同时，任何有目的的活动领域都离不开人的思考、判断、决策和创新。因此，设计的本质在于决策、问题求解和创造，设计活动具有科学的、艺术的和技术的多重性质。

### （三）体育教学设计的含义

体育教学是体育教师引起、维持、促进学生体育学习的所有行为方式。体育教师的主要行为包括教师的示范、师生对话与指导，辅助行为包括激发动机、期望效应、课堂交流和课堂管理等。体育教师通过这些行为活动，在课堂上有计划、有组织、有目的地使学生获得体育知识、技能，形成道德品质和世界观，发展智力和个性。为了提高体育教学的质量，在实施教学前，体育教师要对教学行为进行周密的思考和安排，考虑教什么、如何教、要达到什么要求等，也就是必须对体育教学活动进行设计。

综合上述体育教学和设计两个概念，大致可以认为，体育教学设计是指以体育专业理论（运动人体科学的基础理论、体育心理学、体育教学理论等）及学习理论、传播理论、教学媒体论等相关的理论与技术为基础，运用系统方法分析体育教学问题，确定体育教学目标，设计解决体育教学问题的策略方案、试行方案、评价试行结果和修改方案的系统化计划过程。它不是力求发现客观存在的尚不为人知的体育教学规律，而是运用已知的体育教学规律去创造性地解决体育教学中的问题。

教师是人类灵魂的工程师。一个体育教学设计者就是一个工程师，他们要根据过去已经获得的成功的体育教学原理来计划自己的工作，帮助学习者改变自己的思想、知识、行为、体能，力图使自己设计的成果不仅有实用价值，而且能吸引和感染他们的"用户"。

事实上，有事业心的体育教师为了追求教学的效果和效率，都在自觉不自觉地进行着体育教学设计工作，但这种设计往往受到教师自身教学经验、知识水平、传统习惯、工作环境等因素的限制，所以它是一种经验式的体育教学设计。现代教育技术意义上的体育教学设计本质上是一个分析体育教学问题、构建解决方案，并对该方案进行预试、评价和修改，为体育教学最优化创造条件的过程；

形式上是一套进行系统化计划的具体工作步骤和程序；实际成果是经过验证的各个层次的体育教学系统实施方案，包括体育教学目标、教学计划、教学大纲、教学进度、教学方案和为实现一定体育教学目标所需的整套教材（印刷的或视听的）、学习指导、教师用书等。

## 二、体育教学设计的特点

体育教学设计与体育教学理论、体育教学法、教师的教案，既有区别又相互联系。

体育教学理论是研究体育教学一般规律的科学。它的研究对象包括体育教学在整个体育教学活动中的地位和作用、体育教学的目的和任务、体育教学过程、体育教学原则、体育教学内容、体育教学手段和方法、体育教学组织形式，以及教学效果或学习成绩的检查和评定等。对上述内容，体育教学理论注重理论探讨。因此，它是应用性的理论科学，对体育教学设计具有直接的指导作用。

体育教学法包括一般教学法和专项教学法。一般教学法研究各门术科共同的教学任务、过程、原则、方法、组织形式等；专项教学法则分术科专项进行研究，突出各术科自身专项教学的特点。一般教学法的主要特点是对体育教学的方法展开细致和深入的研究；而专项教学法为各门具体术科的教学设计提供了理论依据。体育课教案是以课时为单位设计的实际教学实施方案，是体育课堂教学活动的重要依据，通常包括班级、术科项目、上课时间、课的类型、教学目标、教学方法、教学内容、时间分配、教学媒体的使用等。教案是体育教学设计的具体产物之一，是体育教学设计指导体育教学过程的具体体现。教案主要考虑的是"教"的方案，而不是"学"的方案。体育教学设计则也关注"学"的方案，它并不仅仅局限于得出一套针对某一体育教学内容的教案，它需要对教与学的各个方面进行系统分析，提出教学方案，并不断修正方案，是一个连续的、不断改进和提高的过程。

就体育教学设计工作本身来说，它具有系统性、灵活性、科学性和艺术性等特点。

### （一）体育教学设计的系统性

体育教学设计过程是一个科学逻辑的过程，体现了体育教学设计工作的系统性。在进行体育教学设计时，需要在分析论证所存在的教学问题的基础上设定目标，然后密切围绕既定目标设计教学的各个环节，从而保证"目标、策略、评价"三者的一致性。体育教学设计从体育教学系统的整体功能出发，在工作程序上，往往不是先完成一步再开始下一步的，而是不断往复、相互补充，综合考虑教师、学生、教材、媒体、评价等各个方面在体育教学中的地位与作用，使之相辅相成、互相促进，产生整体效应，保证体育教学设计整体上的系统性，达到体育教学效果的最优化。

### （二）体育教学设计的灵活性

虽然体育教学设计过程具有一定的模式，需要按照既定的流程进行，但体育教学设计的实际工作往往不一定按照流程图所表现的线性程序开展。有时候，没有必要或不可能完成所有的工作步骤。例如，学习需要分析是体育教学设计过程模式中一个重要的教学设计环节。在进行体育教学设计时，教育者应根据不同的情况和要求，灵活地决定从何处着手工作，重点解决哪些环节的问题，略去一些不必要开展或无法开展的工作步骤，因地制宜地进行体育教学设计。

### （三）体育教学设计的科学性

体育教学设计是一门科学。科学的真谛在于求真，体育教学设计是在人体解剖学、人体生理学、体育保健学、运动生物化学、体育心理学、体育教学理论等体育专业理论及教育传播理论、教学媒体理论和教学评价理论的指导下，根据教和学的基本规律，尊重学生的兴趣爱好、尊重学生的个性特征，建立起合理的体育教学目标、内容、方法的策略体系，科学地运用系统方法对各个体育教学要素及其联系进行分析和策划。

### （四）体育教学设计的艺术性

体育教学设计是一门艺术。艺术的生命在于创造，体育教师在进行体育教学设计的过程中，要根据教材、学生的不同特点、不同的教学环境条件，发挥个人的智慧，进行创造性的劳动。艺术具有丰富的审美价值，一份好的体育教学设计方案，既新颖独特、别具匠心，又层次清晰、富有成效，会给人以美的享受。

由此可见，体育教学设计是系统性、灵活性、科学性和艺术性的高度统一和完美结合，我们既要以科学的理论指导体育教学设计，不断提高体育教学设计的科学化水平，又要发挥体育教学设计的艺术特色，不断进行体育教学艺术的创造，力争使体育教学设计达到完美的境界。

## 三、体育教学设计的意义

体育教学设计既是体育教学中的一个重要环节，也是一项复杂的体育教学技术。学习体育教学设计具有十分重要的意义。

### （一）有利于体育教学工作的科学化

传统体育教学中也有体育教学设计活动，但大都以课堂、书本及教师为中心，或者片面地强调体育教学中学生的主体作用，以学生为中心，教学上的许多决策都是凭教师个人的经验和意向做出的。例如，在制订体育教学计划时，教师往往根据本人认为某内容是否重要，对有关内容是否熟悉，有无现成教学大纲可用等来决定教学内容。有经验的教师凭借这种途径也能取得较好的效果，这正是体育教学艺术性的表现。但对于绝大多数教师来说，能掌握这门艺术的人毕竟有限，而且教学艺术难以传授。体育教学设计则克服了这种局限，将体育教学活动建立在系统方法的科学基础之上，使体育教学手段、过程成为可复制、可传授的技术和程序。只要懂得相关的理论，掌握科学的方法，一般教师都可较迅速地实际操作。因此，学习和运用体育教学设计的理论与技术，是促使体育教学工作科学化的有效途径。

### （二）有利于科学思维习惯和能力的培养

体育教学设计是系统地解决体育教学问题的过程，它提出的一整套确定、分析、解决教学问题的理论和方法也可用于其他领域和其他性质的问题情境中，具有一定的迁移性。例如，在学习任务分析中，需要将总的教学目标分解为一系列子目标（单元教学目标和更具体的使能目标），建立一个教学目标群，然后根据每一个子目标制定教学策略，并确定实现总目标的教学步骤。这与很多实际问题的解决思路（如现代管理学中的目标管理的思路）是相同的。另外，像教学设计的前期分析、试行评价等理论与方法，在现实的生活、工作实践中也经常运用。因此，通过体育教学设计原理与方法的学习、运用，可以培养科学思维的习惯，提高人们科学地分析问题、解决问题的能力。它不仅仅服务于体育课堂教学实践，也能运用在课程设置和教学计划的制订、专业培养方案的设计、学科的建设，甚至更广泛的其他领域中。

### （三）有利于加速对青年教师的培养

体育教学既是一门科学也是一门艺术。虽然体育教学的艺术很难通过教学来传授，但科学的教学理论和方法则是可以习得的。我国普通高校体育教育专业对师资培养的传统做法是注重于专业知识的教学，却忽视了体育专业基础知识的具体运用、体育基本教学技能和能力的培养，年轻教师大多通过模仿和自身的经验积累来计划和组织体育教学，前辈用10年时间摸索出来的经验，年轻教师也得花上10年时间才能积累到前辈相同的水平，这严重地延缓了青年教师教学水平的迅速提高，影响了体育教学效果。体育教学设计为师资队伍的培养提供了一条有效的途径，教师通过学习可以迅速掌握体育教学的基本原理与方法，并在实际运用中不断熟练和提高，最终成为一名体育教学专家。

### （四）有利于体育媒体教材的开发和质量的提高

近年来，随着财政投入的增加、通信技术的飞速发展，体育现代教育技术与设施也在不断开拓、建设和发展，各级各类学校的电教器材有了较大的增长。目前所面临的重要任务之一是建设相应的体育教学节目和体育媒体教材，如体育教学电视节目、体育计算机课件等，体育媒体教材融体育教学内容和体育教学方法于一体，只有通过精心设计，才能保证质量。通过学习和掌握体育教学设计的理论与方法，可以帮助教师有效地使用现代化教学媒体，编制相应的媒体教材，在提高体育教学质量、普及各级体育教育和职业培训等各方面发挥积极作用。

## 四、体育教学设计的内容、分类

科学以其不同的对象而被划分为不同的学科门类。每门学科的知识体系都有自己专门的内容和分类体系，体育教学设计也不例外。

### （一）体育教学设计的内容

教学设计中包括目标、策略和评价三项基本内容。

围绕这三项基本内容，在体育教学设计时，还有一些前提性和展开性的课题。如为了明确体育教学目标，教育者先要分析体育学习的需要、体育教学内容和教学对象；在制定体育教学策略的时候，教育者要对体育教学媒体的选择和编制赋予必要的重视和特殊的处置；而教学评价总体上属于体育教学设计的后期工作，但它实际上贯穿在整个设计的全过程。而且，整个体育教学设计的过程又都离不开对体育教学系统的了解，离不开传播理论、体育基础理论和体育教学理论等的指导，离不开系统方法的运用。

概括地讲，体育教学设计的内容大致可以分为四大部分。

第一部分是基本概念和基础理论。它要回答什么是体育教学设计；体育教学设计与邻近概念（如体育教学理论、体育教学法、体育课教案等）的联系和区别；体育教学设计有哪些特点和作用；体育教学设计涉及哪些课题内容和方法论。它要探讨体育教学系统的构成和特性；系统方法在体育教学中的应用；体育教学设计的形成过程、应用范围和层次。它要阐述体育教学设计的理论基础；总结对体育教学设计工作有较大影响的理论流派。

第二部分是体育教学设计过程。它要说明体育教学设计前期阶段的学习需要分析、体育教学内容分析和体育教学对象分析的重要性；探讨怎样来做好这些前期分析工作。它要引用或借鉴教育目标的分类学说，依据体育（与健康）课程标准或"体育教学指导纲要"等法规文件，探讨体育教学目标的具体编写方法。它要验明体育教学策略的构成要素，探讨各种不同类型体育课的具体教学策略，编制体育教学方案。

第三部分是体育媒体开发。它要阐释体育教学媒体的特性；说明选用体育教学媒体的依据、程序和原理。它要探讨如何运用体育教学设计原理和方法来编制体育教学电视节目、体育网络课程、体育类计算机教学辅助软件（CAI）和学习辅助软件（CAL）等媒体教材和课件。

第四部分是体育教学评价。它要说明体育教学评价的功能和原则及其对体育教学设计的意义；它要制定体育教学设计成果（体育教学方案和体育媒体教材）的评价指标；它要研讨体育教学设计成果的形成性评价程序和方法，以及评价工具的编制和使用。

上述内容所反映的体育教学设计原理和方法对解决体育教学问题有普遍指导意义，但它们不是一成不变的。况且没有哪一种固定的体育教学设计模式能用以有效地解决所有的体育教学问题。广大教师应该在体育教学设计实践中做到因地制宜、因人制宜，不断总结和创造新的经验，并将它们提高到理论的高度。同时，体育教学设计是应用学科，它赖以解决问题的基本前提是应用相关体育学科的理论和方法，而其本源又是体育教学实践中积累的丰富经验。因此，广大教师还要关心体育学科中运动人体科学、体育教育学、体育心理学、体育教学理论及传播学、设计学、管理学、媒体学等领域的理论发展，及时将其中最新研究成果应用到体育教学设计的实际工作中。经过实践检验后，再把这些理论丰富和补充到体育教学设计的内容中，将它们转化为实际工作的指南和原则，使体育教学设计知识体系不断得到充实和完善。

### （二）体育教学设计的分类

体育教学设计是一项多因素、多层次的系统工程，它是系统地解决体育教学问题的过程，它提出的一整套确定、分析、解决体育教学问题的理论和方法也可用于学校体育的其他领域（如业余运动训练或课外体育活动）和其他性质的问题解决过程中（如设计一长期的、年度的、学期的、一周的、一次训练课的训练计划或设计运动处方等）。

体育教学设计通常有两种类型。

一类是体育课程设计，包括：①制定体育课程标准；②制定体育教学大纲；③编选体育教材；④编制体育多媒体课件。

另一类是体育课堂教学设计，包括：①学期教学计划设计；②单元教学计划设计；③课时教学计划设计。

# 第三节　体育教学事项设计

## 一、体育教学设计方法论

作为连接体育教学理论和体育教学实践的中介，体育教学设计具有方法论的性质。方法论问题对体育教学设计的发展和推广应用具有十分重要的意义。科学方法按其抽象的程度可分为三个层次；最高层次为哲学方法，它是以哲学的原理、范畴和规律为基础的研究方法；中间层次为一般方法，它是人类创造活动中带有普遍意义的方法；最低层次为专门方法，它是各个学科所采用的具体方法。体育教学设计同样也有三个层次的方法。

## （一）体育教学设计的哲学方法

哲学方法是从对自然、社会、思维的研究中概括出来的，同时又广泛地应用于自然、社会和思维领域的研究方法。它虽然不解决体育教学设计的具体问题，但为体育教学设计提供了理论基础和思想指导。

体育教学设计是针对体育学习需要，从体育教学过程的整体性出发，制定体育教学方案的系统决策过程。它涉及对体育的价值观念、体育教学的本质论等一系列认识问题。对事物的认识科学与否直接影响到决策的正确性。研究体育教学设计的认识论问题属于哲学的范畴。

体育教育者应从辩证唯物主义和历史唯物主义的高度，来探讨体育教学与自然、体育教学与社会、体育教学与思想的关系，为科学的体育教学设计奠定理论和思想基础。马克思主义的教学观提倡教学促进人的全面发展；主张学用结合，理论联系实际；要求人们自觉运用唯物辩证法的武器，在改造客观世界的同时，改造自己的主观世界。运用马克思主义的观点从认识论上解决体育教学理论与体育教学实践的关系，正确处理体育教学与发展、理论与实践、借鉴与创新等问题，这是做好体育教学设计研究和实践的根本保证。在体育教学设计中运用辩证唯物主义的认识论，主要解决下面三个问题。

1.不断更新体育教学观念

体育教学观念不同，体育教学设计的指导思想不同，体育教学设计的重点和结果也不同。体育教学设计作为系统决策过程，它的每一步都受一定的体育教学观念所支配。例如，应试教育与素质教育、集体授课与个别化学习、以"教"为中心与以"学"为中心等。为了做好体育教学设计，教师必须树立现代体育教学观念，改变过去那些片面强调的"自然体育教学观""体质教学观""竞技体育教学观""能力培养教学观""快乐体育教学观"，摒弃那些体育课堂教学"满堂灌"、从中等学生水平出发集体授课、以教师为中心的教学观念，代之以让学生学会生存、学会学习，重视发展学生个性，以"健康第一"为指导思想，促进学生的素质全面发展，通过体育教学完成学生的教养、教育、发展三大任务。

2.正确处理借鉴与创新的关系

在学习外国的经验、其他学科的研究成果时应该和本国的、体育学科的实践相结合。充分吸纳西方的教学设计理论和方法、教育学理论、心理学理论、传播理论、系统科学方法等在体育教学设计中的应用，但必须认真地加以消化和吸收，取其精华，去其糟粕；深入地挖掘我国传统的体育教育中许多行之有效的教学思想、理论和方法，结合体育专业基础理论，形成具有本专业特色的体育教学设计的知识体系。只有这样，才能在借鉴的基础上，创立适合我国国情的、凸现体育学科特色的体育教学设计的理论和方法体系。

3.重视体育教学实践研究

任何理论的发展都离不开实践，只有通过扎扎实实的实践研究，获得第一手资料，才能够深化对体育教学设计理论和方法体系的认识。从体育教学设计的特点和意义来看，其本身就是一门联系体育教学理论与体育教学实践的"桥梁学科"，它注重理论联系实际，将一些体育领域中的基础理论研究的成果运用于体育教学实践。按照科学认识论的要求，应积极开展体育教学设计及其教学应用的实践活动，从中取得科学的认识或理论，再把它们运用于指导体育教学设计的实践中，从"实践—理论—实践"的往复中，完善体育教学设计方案，发展对体育教学设计理论和方法体系的认识。

## （二）体育教学设计的系统原则

系统方法是运用系统科学的观点，研究和处理复杂的系统问题而形成的方法，即按照事物本身的系统性，把对象放在系统形式中加以考察的方法。体育教学设计中的系统方法，是在系统科学和体育教学实践的基础上产生的，是指导体育教学实践和体育教学设计活动的一般方法。

系统科学方法为体育教学设计提供了具体的分析和决策的操作过程和操作方法。它大体上分为三个阶段，即系统分析、系统决策和系统评价。在系统分析阶段，通过系统分析技术，确定问题的需求和系统的功能、目标；在系统决策阶段，通过方案优选技术，考虑环境等约束条件，优选解决问题的策略；在系统评价阶段，通过评价调试技术、实行方案、鉴定方案的有效性，进而完善已有方案。运用系统方法进行体育教学设计，应遵循下面两个原则。

1.动态性原则

体育教学设计的对象是体育教学系统，这是一个有序的动态系统。体育教学系统的有序性表现为体育教学过程各要素之间相互联系、相互制约的关系是有序的；体育教学系统的动态性表现为体育教学过程处于不断的运动和发展中。体育教学系统设计应充分考虑体育教学系统的有序性、动态性的特点，在体育教学设计和体育教学过程中引入评价和反馈机制，对过程实施有效的调控，是有效完成体育教学任务的重要保证。

2.最优化原则

最优化是指系统功能的最优化，它是体育教学系统设计的基本目标。为此，在进行体育教学设计时，应从整体最优化的目标出发，使体育教学过程的每一个要素、每一局部过程和每一环节都置于系统的整体设计中，以协同实现体育教学设计整体功能的最优化，而且要特别注意要素之间结构和功能的相互匹配。这样才能设计出最优的体育教学方案，使体育教学达到预期效果。

## （三）体育教学设计的模式化方法

在运用体育教学理论和实践经验，通过分析和综合，创造最优化的体育教学系统的过程中，可以形成一个体育教学设计模式。由此产生的模式化方法作为与一定的设计任务相联系的体育教学设计程序和方法体系，是体育教学设计的专门方法。借助体育教学设计模式这种简化而具体的表现方式，可以了解体育教学设计的结构和过程，了解体育教学系统内各要素之间的相互关系，便于人们更加有效地进行体育教学系统的设计。

模式化方法中的模式分析和模式综合是逻辑思维的基本方法。事实上，模式分析是以客观事物的整体与部分的关系为基础，为了便于进一步认识事物而把相互联系的因素暂时割裂开来，个别加以研究，弄清各部分的特殊规定，以加深对事物本质的认识；模式综合是在对个别因素进行分析的基础上，综合各个因素相互关联、相互作用、相互转化的关系，以帮助人们从整体的系统结构中把握体育教学设计的本质和规律。可见，模式分析的重点是考虑各个部分的特征，模式综合的重点是考虑各个部分相互间的关系。这是统一认识过程中的两个阶段。

体育教学系统设计的模式化方法从总体上规定了体育教学设计的过程和步骤。由于体育教学设计是一个复杂的系统决策过程，体现了知识的综合性、方法的实用性、结果的不确定性，因此要求教师必须有较强的分析技能、创新意识和决策水平，以便把对体育教学的设想转化为实际的体育教学成果。

总之，体育教学设计的基本任务是设计和开发经过验证的、能实现预期教学功能的体育教学系统方案。体育教师就是综合运用哲学的、系统科学的和模式化的方法开展体育教学设计工作。教师首先从调查研究入手，明确体育教学系统设计所要解决的问题，然后从理论和实践的结合上设计出解决体育教学问题的方案，最后经过对方案进行验证和完善，优选出最佳的体育教学方案。

## 二、体育教学设计过程模式概述

### （一）一般教学设计过程模式

采用文字或图解的模式对教学设计过程进行描述是教学设计研究中体现系统论思想的一个特色。当代关心教学实践的心理学家、教育学家、教育技术学家都常用这样的模式来简化自己对教学设计过程的看法。

教学设计的意义在于改变现存的进行状况，根据决策理论、管理科学等找出最有效的法则，以决定课程单元的教学活动。教学设计步骤为：①分析预期的能力目标；②诊断学习前的状态；③安排促进学习的程序和条件；④评价学习的结果。

为了达到比较理想的学习结果，必须讲求教学环境的计划，而有计划的教学必须采取科学的设计原理。因此教学设计步骤为以下几步。

①以行为的方式叙述所界定的表现目标。

②以学习阶层和任务分析为依据构建教学的进程。

③筹划教学的事项，拟定教学活动，为特定学习结果准备学习的条件。

### （二）体育教学设计过程的基本要素

通过对一般教学设计过程模式的分析，结合体育教学的特点，体育教学设计包含以下四个要素。

1.体育教学目标

要进行体育教学活动和过程的设计，首先必须明确为什么要教这些内容，通过体育教学要达到什么目标。这样进行体育教学设计，才有明确的方向和要求。

2.体育教学对象与任务分析

由于体育教学设计的一切活动都是为了学生学好体育，因此，要使体育教学设计取得好的效果，必须重视对学生情况的分析，并分析从学生的原有水平到达教学目标之间所需要的从属的知识和技能，确定它们之间的层次关系。

3.体育教学策略

这是解决如何进行体育教学的问题，是体育教学设计的重点。它包括体育教学模式、体育教学方法、体育教学形式、体育教学活动和教学媒体等的选择和设计。

4.体育教学设计方案评价

为了知道设计的体育教学方案是否能取得理想的教学效果，必须对体育教学设计方案进行评价，并在此基础上对方案进行修改。

### （三）体育教学设计过程模式

体育教学设计过程可以形成各种模式，根据体育教学理论的要求，以及体育教学的实践需要，在分析体育教学设计过程基本要素的基础上，通常采用以下的设计过程模式。

1.体育教学设计前期分析

在设计体育教学之前，我们必须思考三个问题：为什么教、教什么和怎么教。为了解决这三个问题，体育教学设计前期分析需要考虑如下三个方面。

（1）体育学习需要分析

学习需要分析是解决"为什么教"的问题，它近似于我们习惯上所谓的教学目的，或教学活动预期达到的结果，但实际上在使用时它要比后者宽泛。而且，教学目的常常是针对教师的"教"而言的，学习需要则主要是针对学生的"学"而言的。

（2）体育教学内容的分析

体育教学内容的分析是解决"教什么"的问题。体育教师在进行体育教学设计时，要了解教师教什么、学生学什么，也就是先要知道教学内容，并对它进行详细的分析。体育教学内容，是指为了实现体育教学目标，要求学生学习的体育知识和技能的总和。分析体育教学内容是对学生起始能力变化为终点能力所需要的从属知识和技能，及其上下、左右关系进行详细剖析的过程。

运用系统论的观点对体育教学内容进行分析，主要包括以下三个方面。

①背景分析。主要分析这一部分体育知识发生、发展的过程，它与其他体育

知识之间的联系及它在社会生活与锻炼实践中的应用。

②功能分析。主要分析这一部分体育内容在整个体育教学内容中的地位、作用及它的功能和价值，包括智力价值、教育价值和健身价值等。

③结构分析。主要分析体育知识、概念、原理、技术、战术等的系统、层次，它们之间的关系，以及这种关系的性质、特点，从而确定这些体育知识、概念、原理、技术、战术的掌握程度和练习要求。

（3）学生特征分析

学生特征的分析是解决"怎么教"的问题。为了使体育教学设计能符合学生的实际情况，取得更好的教学效果，必须对学生的情况进行客观的分析。学生情况分析包括以下两个方面。

①学习准备情况分析。学生的学习准备情况分成如下两类：第一，学生的起点能力。学生的起点能力是学生对从事特定的内容和任务的学习已经具备的知识与技能的基础，以及对有关学习内容的认识水平与态度。第二，学生学习体育的心理特征分析。学生学习体育的心理特征分析是指对学生学习有关体育内容产生影响的年龄、性别、认知成熟度、学习动机、情感、意志和气质等因素进行分析。这些因素影响教师对教学内容、教学模式、教学方法和教学媒体的选择和运用。

②学习风格分析。学习风格是指学生学习时感知不同刺激，并对不同刺激做出反应这两个方面产生影响的所有心理特征。学生学习有不同的风格，学习风格的差异对学生的学习和教师的教学都会产生一定的影响，通过对学生学习风格的分析，使我们能更好地针对学生的实际情况进行教学。

学生情况分析为教学内容的选择和组织、教学目标的编制、教学活动的设计、教学方法与教学媒体的使用提供可靠的依据。

2.编制体育教学目标

通过体育教学内容分析，知道要教给学生哪些体育知识和技能。在此基础上，要求对学生通过体育学习和锻炼应达到的行为状态做出具体的、明确的说明，这就要编制体育教学目标。

体育教学目标分为运动参与、运动技能、身体健康、心理健康、社会适应五大领域，这五大领域的具体目标又可归为认知、情感和动作技能三类。

体育教学目标编制的步骤如下。

①学习体育与健康课程标准（或普通高校体育与健康课程指导纲要）、体育教学大纲。

②明确单元教学目标。

③了解本课时教学的具体内容和要求。

④了解学生的基础和学习特点。

⑤按照内容和水平分类确定教学目标并加以陈述。

3.教育内容的学习任务分析

体育教学目标只是规定了一定体育教学活动完成之后，学生应习得的终点能力及其类型，而没有具体说明这些能力或行为倾向形成或获得的过程与条件。要使体育教学目标真正起到指导体育教学的作用，接下来还要对体育教学内容进行学习任务分析。主要包括以下几方面。

（1）学习结果类型分析

根据加涅的学习结果分类理论，结合体育学习的实际情况，体育学习结果有以下三种类型：体育事实、术语、概念、原理等言语信息，体育动作技能、体育动作操作程序等智慧技能，体育认知策略和态度。将体育教学内容按这三种类型进行分类，并分别加以分析。

（2）学习形式类型分析

体育概念和原理的学习可以分为上位学习、下位学习和并列学习。将教学内容中体育概念和原理按这三种类型进行分类，并加以分析。

（3）学习任务分析

在学习新的知识技能之前，学生原有的知识技能的准备水平称为起点能力。通过一定的教学活动，学生获得的知识技能称为终点能力。介于起点能力到终点能力之间的这些知识技能称为先决技能。学习任务的分析就是对学生的起点能力转化为终点能力所需要的先决技能及其上下左右的关系进行详细剖析的过程。通过学习任务的分析，为教学顺序的安排和教学条件的创设提供心理学的依据。学习任务分析的方法有归类分析法、层次分析法和信息加工分析法等。

4.设计体育教学方案

这是体育教学设计的中心环节。包括确定课的类型、设计教学顺序、选择教学模式、教学活动设计、教学环境设计和教学媒体设计等。

（1）确定课的类型

由于体育课有各种不同的类型，有理论课、实践课、新授课、练习课、综合课、复习课和测验课等。不同类型的课有不同的功能，要采取不同的教学方法和不同的教学过程。因此在设计体育教学过程时，首先必须确定体育课的类型。

（2）设计教学顺序

教学顺序是教学过程的前后次序，也就是先做什么，后做什么，它包括以下三个方面。

①体育教学内容呈现顺序。指的是体育知识和技能出现的前后次序，先教什么内容，后教什么内容。

②教师活动顺序。指的是教师进行教学活动的前后次序，教师先进行什么教学活动，后进行什么教学活动。

③学生活动顺序。指的是学生进行学习活动的前后次序，学生先进行什么学习活动，后进行什么学习活动。

这三个方面是同步进行的，必须进行整体设计。

5.选择教学模式

课的类型确定以后，在设计教学顺序的同时，进一步根据不同的教学内容和目标选择不同的教学模式，再具体设计整个体育教学过程的各个环节。

6.设计教学活动

在教学顺序设计的基础上，还要对每一项教学活动进行设计。包括导入设计、情境设计、提问设计、练习设计、讲解设计、演示设计、强化反馈设计和结束设计等。

7.选择和设计教学媒体

为了进一步激发学生学习的兴趣、提高体育教学的效率，在体育教学设计过程中，必须注意教学媒体的选择和设计。根据学习任务的要求、教学媒体的功能和教学条件等因素，选用适当的教学媒体。

8.设计体育课堂教学环境

为了使体育教学取得良好的效果，还必须合理地设计课堂教学环境（包括硬环境和软环境），选择适当的教学形式，营造和谐的课堂气氛。体育课堂教学形式有全班学习、分组学习和个人学习等。要根据不同的教学目标、学生特点选择不同的教学形式。

# 第五章  基于有效教学理论的体育教学

## 第一节  有效教学理论的解读

### 一、有效教学理论的概念

要想研究有效教学，首先应该弄清楚有效或有效性的概念。人们对"有效"有不同的理解，并且对"有效"的看法是不断进步的。第一，有效即有效果。教学是否有效就是看教学活动的结果是否促进学生的发展。第二，有效即有效率。教学是否有效就是看能否以尽可能少的教学投入获得尽可能多的教学产出，即教学效果。教学活动本身是一种精神性生产活动，沿用经济学概念，可将教学效率做如下表述：教学效率＝教学产出（教学效果）/教学投入，或教学效率＝有效教学时间/实际教学时间。第三，有效即有效益。教学是否有效不仅要看教学是否有效果、有效率，还要看教学效果（实现的教学目标）与特定的社会和个人的教育需求是否相吻合及吻合的程度。其中，前两种含义是"有效性"的传统看法，但一个完整的"有效性"含义应该包含上述三重意蕴，这也就是现代的有效教学观。

### 二、有效教学理论的特征

#### （一）教学目的明确、讲解清晰

教学是知识的传授过程，其目的是使学生清楚地掌握概念、原理、理论和方法等，增长知识，发展能力。清楚地讲授教学内容，从而使学生达到正确的理解和真正的掌握，是有效教学的最重要特征。其要求如下。

①教师的教学目的明确，提出明确的学习任务和要求；在学习中，学生知道

自己应该掌握的内容和学习的重点、难点。

②教学内容的讲授系统而有条理。这种系统而有条理的讲授有利于学生形成知识之间的逻辑联系，获得结构化的知识；概念、命题、理论、原理的阐述简明、准确而不含糊，使学生易于透彻地理解和正确地掌握。

③任何教学内容都是通过一定的教学思维进行传授和学习的。同样的教学内容以不同的教学思维进行教学，其效果是不一样的。如果教师的教学思维清晰、结构合理、辩证全面，则教学有效性就高，反之就会下降。现实教学效果不理想的原因是教学思维方式的单向性和片面性，重逻辑思维轻直觉思维、重演绎思维轻逻辑归纳，缺乏清晰、合理和平衡的结构。

因此，教师在讲授时要注重思维的逻辑性、表述的条理性，从而对学生的逻辑思维能力产生积极的影响。教师要想在教学中做到清楚明了，就必须努力学习，拓宽、加深自己所教学科的知识。另外，有些教师虽然了解、通晓自己所教的学科，但在教学时仍不能清楚明了，好像有货倒不出，这时他们就必须培养自己的教学表达能力。

（二）教学关注学生、注重激励

从很大程度上说，教学效果的好坏取决于教师能否在了解学生的基础上因材施教，调动学生学习的积极性，促使他们主动参与教学活动。因此，有效教学要关注学生并激励学生学习。

①教师在教学中总是爱学生的，教师对学生的爱不仅有利于学生智力的发展和良好心理素质的形成，还有利于激发学生对教师的爱。只有教师和学生真诚地相互关爱，师生关系才能更好地发展。教师应对每个学生抱有期望，主动与每个学生接触，更多地关注学生，关心学生的身体和心理，为学生的发展创造良好的条件。

②教师在教学中注重研究学生，遵循学生的身心发展规律和性格特点，考虑学生的兴趣爱好，尊重学生的主体地位，善于和学生交朋友，了解学生的知识基础、背景和学习需求，努力使教学与学生的实际结合；了解学生间的差异，对不同学生区别对待，做到因材施教，让每个学生都能从教学中获益。

③教师在教学中注意与学生沟通，师生间进行平等的对话与交流，从对话与交流中了解学生对教学的要求，虚心倾听学生对教学的建议，有针对性地改进教

学。学生对教师对待自己和其他学生的态度是很敏感的，学生会因教师对自己的不公平待遇而对教师产生反感态度，进而影响师生关系的发展。教师不应以学生的家庭条件、外貌特征、成绩状况、性格特点等而不公平地对待学生。

④教师在教学中重视师生间在教学中的合作，鼓励学生参与教学活动，给予学生进行学习抉择的自由和权利，发挥学生学习的主动性和积极性。

### （三）教学促进发展、提高素质

通过教学，学生可以得到发展、提高素质，这是最高层次的教学目标。学生要想成为高质量的高级专门人才，学校就要培养他们全面发展的能力，这就要求教学努力促进学生进步发展、提高素质。因此，促进学生进步发展、提高学生素质是有效教学的又一重要特征。促使学生进步发展、提高学生素质的教学要做到以下几点。

①"教是为了不教。"教学要教给学生自己获取知识和技能、适应社会的方法和策略，要培养学生独立学习的意识和能力，善于在终身教育的学习化社会中发现知识信息的价值或作用，找到获取知识信息的途径和方法。此外，教师也应努力提高自己的素质。教师能力素质的高低是师生能否建立起和谐师生关系的关键。在道德方面，提高自己的道德品质，注意自己的言行要符合道德标准，做到为人师表；在个性方面，需要做到开朗大方、和蔼可亲、严于律己、宽以待人等。

②教学要引发学生的问题意识，提高其对问题的敏感性，告诉学生带着问题学习、带着问题研究，善于提出和发现问题，增强学生的问题意识，培养学生不断探究问题的能力。

③教学要重视思维的培养，通过设置悬念、引发思考、造成认知冲突、刺激想象、介绍思维方法和策略等，培养学生的思维能力，特别是创造性思维能力。

④教学要注重方法论教学，介绍科学家在研究探讨问题时的方法和方法论，使学生意识到方法和方法论在学术学习与研究、解决实际问题中的重要作用，从而重视方法和方法论的学习，接受科学研究训练，具备研究能力。

⑤教学既要使学生掌握科学技术，具备科学素质，又要让他们受到人文熏陶，具有人文精神和人文素养，有社会责任感，形成民主、诚信、公正、平等、可持续发展等观念，讲究科学道德，了解科学伦理，善于用科学技术造福人类。

课堂教学不只是实现教学任务、达成教学目标的过程，更应是师生共同成长的过程。事实上，也只有运用这样的教学，学生的知识与技能、过程与方法、情感态度与价值观才能得到全面发展，这样的教学才是真正有效的教学。

课堂教学应该关注正在生长、成长中的学生的整个生命。从生命的视野来看，每一节课都是不可重复的激情与智慧综合生成的过程。有效教学的最终目的是促进学生的发展。对人性的关注和对学生生命的关照不是靠说教体现的，而是体现在整个教学过程中。首先，在教学准备阶段，教师要掌握学生的认知准备和情感准备的状况，这就是对学生的一种尊重；在教学实施阶段，教师创设一种自然、和谐的教学氛围也是一种对生命的尊重，课堂上教师认真倾听、热情鼓励、友善指正，学生虚心听讲、积极参与、主动探究是互相尊重、共同促进的生命过程。其次，在学习过程中，师生与教材的对话、同伴间的沟通和交流、学生与自己内心世界的对话都是生命的彰显。最后，在教学评价阶段，教师对学生的肯定和鼓励、学生对自己的自我认识和对同伴的积极评价也都是生命的体现。

## 三、有效教学理论的影响因素

有效教学的影响因素是指影响教学活动进行并促成教学达到预期教学效果的因素。教学是在一定的教学环境下，教师通过教学、学生通过学习而掌握教学内容、完成教学任务的过程。从广义上说，教学过程中的所有因素，如教学环境、教师、学生、教学内容等都影响教学的效果。鉴于教学效果的有无、好坏及效率高低是从学生学习进步和发展快慢来衡量的，后者又是学生在教师教学影响下学习的结果，因此可以说，教师的教学在一定程度上左右、干预学生的学习，进而决定学习结果（或者说教学效果）。这里主要探讨影响有效教学的教师因素。具体而言，主要探讨影响教师教学有效性进而影响学习有效性的教师因素，其包括教师的教学观念、教育知识、教学责任意识、教学效能感、教学能力等。

### （一）教学观念

教学观念是教师对教学要追求什么样的理想目标和为什么要追求这样的目标的认识。就有效教学而言，是对什么是有效教学的认识和对为什么要有效教学的认识，它是教师对教学的一种主观期望和价值判断，是教学开展的指导思想，对教学起导向作用，支配教师的教学行为。就对有效教学的认识而言，就是要有为理想教学结果和高效率教学而教的观念，认识到教学投入和教学产出的关系，追求教学的经济性、高效性，力求用最少的教学时间、最少的教学精力，达到最优效果与最高效率；就是要有科学教学的观念，认识到科学性、合理性既是教学必须遵循的要求，又是达到有效教学的可靠保证，还是实现高效率教学的前提条件。在社会生活中，人们只要意识到值得去做某事时，他们就会热心地去做那件事。同理，教师只有意识到有效教学是有意义的、有价值的，他们才会做出有效的教学行为；相反，如果他们认为有效教学毫无意义、不值得去追求，那么，他们就不会努力去开展有效教学。教师对有效教学意义或价值的认识，首先源于他们认识到教师的教学投入总是有限的，而教学要取得的效果应尽可能是最大的，使有限的教学投入产出尽可能大的教学效果，可以实现教师的价值，体现教师的才能；其次源于他们认识到学生的学习时间是有限的，而学习需求是无限的，通过有效教学，使学生在有限的学习时间里学习到的知识尽可能多，满足学生的学习需求，是教师对学生生命的关怀、利益的关注和需求的满足；最后源于教师认识到卓有成效的教学、提高教学质量既是国际教育竞争的焦点，也是社会向他们提出的要求。

## （二）教育知识

心理学家发现，知识在专业工作绩效中起核心作用。教学是一种专业性很强的工作，显然，有效教学需要教师的教育知识。教师的教育知识是其开展教学的基础，也是其有效教学的基础。教师的教育知识是教师在教学实践中所获得的认识和经验的总和，是其学习、总结的产物。这种知识可以分为公共知识和个人知识，前者是教师可学可用的公共教育资源，后者是教师个人学习、获得的私有知识。也有学者认为，教师的知识可以分为学科内容知识、一般教育学知识和教学法内容知识。事实上，教师的知识即是教师的个人知识。在此根据这种分类，试分述它们对有效教学的影响。

①学科内容知识。学科内容知识包括学科的实质结构知识和学科的句法结构知识。前者即教师拥有的所教学科的事实、概念、术语、定理的知识，这些事实、概念、术语、定理如何相互关联、构成一个整体的知识；后者即教师拥有的学科内容表述方式的知识。教师只有拥有学科内容知识，在教学中才能科学地讲

授概念、术语、事实、定理等具体知识，才能告知并让学生了解学科知识的结构及学科中知识点的逻辑关系，也才能以学生可以领会、掌握的句法结构或表述方式教授知识，从而加深学生的理解，促使学生更准确、更透彻地掌握知识；相反，教师缺乏学科专业知识，则难以有效教学。

②一般教育学知识。这是教师拥有的、适用于所有学科教学的普遍性的教学理论和教学法知识，包括两大类：一是"是什么"的教育学知识，如关于学习者的特点、学习的目标、学习者在学习中的作用的知识，关于学习的本质、学习的目标、学习的机制的知识，关于教学的作用、教学达到有效的条件的知识，关于教学策略的知识；二是"怎么办"的教育学知识，如教师在教学中怎样运用教学策略才能使学生学好的知识。拥有一般教育学知识，有助于教师在教学中遵循教育教学原理，并采取适当的教学策略。

③教学法内容知识。这是教师在融合、综合学科内容知识和一般教育学知识的基础上形成的教授特定学科的知识，也有两类：一是"是什么"的知识，如特定学科学生学习的难点、教学的目标、教学的重点等知识，特定学科教学的方法和策略的知识；二是"怎么办"的知识，如特定学科怎样运用教学策略才会取得更好效果的知识。教学法内容知识帮助教师在特定学科的教学中实现有效教学。

总之，这三类知识为教师有效教学所必需的知识。教师要想实现有效教学，就必须努力掌握这三类知识。

### （三）教学责任意识

责任意识即人们对分内应做之事应做好的认知和觉察。教学责任意识是教师对分内应做的教学工作应做好的认知和觉察，它体现了教师的教学责任感，既是教师做好教学工作的强烈愿望，也是他们对这值得做、这是自己的义务的心理认可。教师的教学责任意识首先来源于教师把教学视为自己的天职，意识到国家、社会及家长和学生赋予他们通过教学培养人才为国家和社会服务的责任，他们没有理由不通过有效教学承担起社会责任，履行自己的义务；其次，教师的教学责任意识源于教师对自己角色的认识，他们接受过教育教学的专门训练，具有教学所需的专业知识和技能，只有有效教学，才可称为教师，才符合人们对教师这一角色的期望；最后，教师的教学责任意识源于他们知晓自己在教学过程中所处的特殊地位和应该发挥的作用，他们作为学生学习的始动者、促进者，只有有效地引起、维持、推动、指导、帮助学生学习，才能使学生掌握教学内容，取得学习进步。教师的教学责任意识对教师的有效教学行为起定向作用，它成为教师有效教学的推动力，是教师永远追求教学有效的力量源泉。第一，它使教师在教学中充满热情，热爱学生、热爱所教学科、热爱教学，全身心地投入教学，努力追求有效教学；第二，它促使教师不断学习、丰富、运用教学的知识和教学能力，具备成为有效教学教师的条件；第三，它促使教师创新教学方法，在教学中发挥创造性，展现教学机智。

### （四）教学效能感

效能是个体对通过个人的努力所能获得结果的预期。教学效能感是教师对自己能够完成教学任务的信心，是对其能有效地做好工作和实现教学目标的信念，是对其能影响学生学习行为和学习成绩的能力的知觉。弗鲁姆的期望理论认为，一种行为倾向的强度取决于这种结果对行为者的吸引力和行为者对这种行为可能带来的结果的期望强度。[1]也即个体从事某种行为的力量决定于个体对这种行为结果价值的认识和个体对这一结果实现可能性的估计。教师认识到有效教学是有价值的、有意义的，并且他们相信自己能有效教学，就会表现出追求教学有效的教学行为，去实现有效教学。就有效教学对教师的吸引力或价值而言，前文已述及。期望强度或对实现可能性的估计即教师对自己进行有效教学，实现教学目标能力的自信，即教学效能感。显然，教学效能感具有激励作用，它促使教师努力教学，实现教学目标。

具体而言，教师的教学效能感对教师的有效教学行为具有以下四个方面的作用。首先，影响教师在教学中的情绪。如果教师的教学效能感高，他们会对自己有效教学的能力充满自信，在教学中信心百倍、精神饱满、心情愉悦，表现出极大的教学热情。可以想象，在这种积极的情绪状态下，教师的教学思维活动将更加积极、有效，教学才能得到最大限度的发挥，从而促进有效教学。其次，影响教师在教学中的努力程度。如果教师的教学效能感高，他们会相信自己的教学活动能影响学生的学习行为和学业成绩，能左右教学效果，因而会投入足够的精力去努力工作，并克服教学中遇到的困难。再次，影响教师对教学成效的归因。如

---

[ 1 ] 林燕芳,王占军.大学教师实现"卓越教学"的动力机制探寻——基于期望价值理论的视角[J].山东高等教育，2019，7（5）：63.

果教师的教学效能感高，他们会把教学成败的原因都归咎于教师方面，如果教学成功了，他们会继续努力；如果教学失败了，他们会认为是自己教学不当和努力不够，而不是自己不具备这方面的能力，因此他们会认真总结经验，吸取教训，积极寻求正确的教学方法或策略，并更努力一些。在这两种情况下，教师改进教学的积极性都提高了。最后，影响教师在教学中的创新行为。如果教师的教学效能感高，他们会确信自己能影响教学效果，教学中的创新自然会对教学效果产生意想不到的作用，因此，他们在教学中会倾向于进行创新，并表现出足够的教学机智。

### （五）教学能力

教学能力是教师为达到教学目标、顺利从事教学活动所表现出的一种心理特征。教学能力对有效教学的影响是通过有效的认知教学、进行教学实践和监控教学活动等实现的。教学能力可以分为普通或一般教学能力与特殊或具体学科的教学能力，前者指超越所有学科、在任何学科教学中都需要的教学能力，后者指教师在教授某一具体学科中所表现出来的能力，如语文教学能力、数学教学能力、物理教学能力等。这两者又可以再进一步分为三种，即教学认知能力、教学操作能力和教学监控能力。

①教学认知能力主要是指教师对教学目标、教学任务、学习者特点、教学方法与策略及教学情境的分析判断能力，主要表现为分析、掌握教学大纲的能力，分析、处理教材的能力，教学设计的能力，对学生学习准备性与个性特点的了解、判断能力，制订教学计划的能力。它是教学能力的基础，直接影响教师教学准备的水平，影响教学方案设计的质量。

②教学操作能力主要是指教师在实现教学目标过程中解决教学问题的能力。从教学操作的手段（或方式）看，主要表现为教师的言语和非言语表达的能力、选择和运用教学媒体的能力、选择和运用教学策略的能力；从教学操作的内容看，主要表现为呈现教材的能力、课堂管理能力、教学评价能力。它是教学能力的外在表现形式，直接作用于学生，影响教学实施的效果。

③教学监控能力是指教师为了保证教学的成功，达到预期的教学目标，而在教学的全过程中，将教学活动本身作为意识的对象，不断对其进行积极主动的计划、检查、评价、反馈、控制和调节的能力，是教师对教学活动的科学性的觉

察、反思和有意识调控，以确保教学活动的有效性。主要表现为教师为达到教学目标，对教学活动的预先计划和安排；教师根据教学科学性、有效性的标准对自己的实际教学活动进行有意识的监察、评价和反馈，了解教学中的优势和问题；教师对自己的教学活动进行校正、调节和有意识的自我控制，避免、纠正教学中的问题，发扬教学中的优势，不断逼近有效教学。教学监控的出发点和目的是尽可能使教学过程最优化、使教学科学而有效。教学监控能力是教学能力诸成分中的最高级的成分，不仅是教学活动的控制执行者，还是教学能力发展的内在机制。

教学能力也可以分为对外操作能力和对内调控能力。前者如一般教学能力和学科教学能力中的教学操作能力，它们是外显的、可以观察的，并为学生所感知，直接作用于学生，影响学生的学习行为和学习效果；后者如一般教学能力和学科教学能力中的教学监控能力，它是内隐的，是教师在教学中表现出来的内部认知操作，直接调控、影响对外操作能力的科学性、有效性，从而保证教学活动的有效性。不难看出，一方面，不同的教学能力在不同的层面通过不同的途径影响教学活动的有效性。例如，一般教学能力影响所有学科教学活动的有效性，具体学科教学能力影响具体学科教学活动的效果，教学监控能力影响整个教学活动的有效性。另一方面，不同的教学能力也是相互关联的。例如，教学认知能力、教学操作能力直接相关；学科教学能力与一般教学能力联系在一起，并受其影响；教学监控能力直接影响教学认知能力与教学操作能力，并通过后者表现出来。

# 第二节 基于有效教学理论的高校体育教学解析

## 一、有效体育教学的内涵

所谓"有效"，即教师的教学可以使学生在某一领域或多个领域获得具体的进步或发展。所谓"教学"，即教师引起、维持或促进学生学习的所有行为。从教师的角度看，有效教学是为了提高教师的工作效益、强化过程评价和目标管理的一种现代教学理念；从学生的角度看，是为了提高学生学习质量和效益、优化学习过程和方式、促进学生进步和发展的教育教学理念。有效教学理论不仅符合社会与学生的教学价值需求，还能有效提高教师的工作效率。

## （一）有效果、有效益、有效率

效果系由某种原因、因素或者动因产生的结果。"有效果"指通过教师的教学以后，学生获得的具体进步和发展。学生有无进步和发展是衡量教学有无效果的唯一依据。体育教学有没有效果主要看学生有无进步。学生对所学体育与健康知识的掌握程度，学生在体能上的提高程度，技能掌握上的进步程度，心理素质、社会适应能力的加强程度及学生在原有基础上提高的幅度的总和是衡量体育教学效果的最终依据。

效益系"效果和收益"，其着眼点在于"利益"。教学效益是教学活动的效果和收益，它的范畴就更广了。教学效益反映的是教学活动的结果与教学目标及教学目标与特定的社会和个人的教学需求是否一致，这是对教学效益的内在的质的规定，关注和提升教学效益也是实现教学活动价值和达成教学活动目标的过程。体育教学"有效益"指通过教学活动，既实现了教学活动的价值，达成了教学活动的目标，又使教学结果吻合预期的教学目标，符合社会与个人的教学需求。同时，体育教学"有效益"更多的是关注好的、积极的学习结果，关注学生学习的良性收益。

教学有效率是指在一定的教学投入内，产生了尽可能多的教学产出，达到了"教员可以少教，但学生可以多学"的境界[1]。所以，教学效率同时包含着学生学习的实际效果。由于体育课堂教学活动本身也可以看作一种无形的精神性的生产活动，借用经济学的概念，可以将体育课堂教学效率表述如下：教学效率＝教学产出（教学效果）/教学投入，即教学效率和教学产出（教学效果）成正比，和教学投入成反比。

体育教学活动是一种育体、育身、育心的过程，应该实事求是，尊重体育教学规律，不能鲁莽蛮干。符合体育教学规律是实现体育有效教学的基本条件，不符合体育教学规律的教学，即使有效，也是低效或者负效的。有效果、有效益是有效体育教学的基本要求和前提，有效率是有效体育教学的最高目标。符合体育教学规律及"有效果""有效益""有效率"这三个方面共同构成了有效体育

---

[ 1 ]　何晓春.有效体育教学：内涵与路径 [J].现代阅读（教育版），2013（1）：237.

教学的内涵和外延。缺少其中之一，都不是有效的体育教学。据此，可以将有效体育教学定义为：有效体育教学是教师遵循体育教学过程的规律，成功引起、激发、维持和促进学生的体育学习，在维持既定教学效率的前提下，相对有效地达到既定教学效果、获得既定教学效益的教学。它一方面取决于体育教师及相关人员对体育课上应该做什么做出正确的决定，另一方面取决于如何实现这些决定。

### （二）教与学互相依存

在现代社会，人是主体。在现代化的课堂中，人也是主体。学生和教师就是课堂中的主体，学生是课堂中的中心，是自己学习的主人。教学是师生双边活动，应该发挥师生的整体作用。教学的有效性虽然和很多因素相关，但主要的因素是教师的"教"和学生的"学"。要摒弃传统的非此即彼的"教师中心论"和"学生中心论"，认识到体育教师与学生都是体育教学过程中的主体因素，两者之间的关系是教学过程中最本质、最直接的关系。同理，对体育教学有效性的研究也必须既要关注教师教学活动的有效性，又要考虑学生学习活动的有效性。

要提高体育教学效果，就必须把教师和学生都视为主体。相对于学生来说，教师是外因，是外源性主体，其作用在于主导；相对于体育学习而言，学生是学习的内因，是内源性主体，其一切学习活动的目的和作用在于提高体能、技能、身体素质、心理素质和社会适应能力。外源性主体同内源性主体和谐统一，是一切体育教学活动取得较好成效的前提和基础。应该同时发挥师生的积极性，并将二者有机结合。

同时，在体育教学中，师生以体育教学内容、教学方法、教学媒体等为中介，在各种层次的教学目的的指导下，在不同的教学环境中，共同构成了贯穿于教学过程始终的双边活动。体育教学绝不只是单纯的讲解示范、组织管理，也不仅是单纯的动作或技能练习和体能锻炼，而是教与学两者相互依存和促进的过程。教师的教和学生的学只有互相适应，才可能使教学有效，且师生互适性越高，越易取得好的学习效果。学生在体能、技能、身体素质、社会适应能力、心理适应能力等方面的效果在很大程度上有赖于体育教学的正确有效的实施。同样，体育教师的教学效果也要通过受教育者——学生这个客体，才能得到体现。因此，在教学实践中发挥教师主导作用的同时，必须突出学生的主体地位并考虑学生的个体差异、因材施教、因人而异，不可强求整齐划一。

教师在教学设计过程中，要充分考虑教与学的关系，通过学情分析，根据水平目标，结合教材的重点、难点，有针对性地选择教学方法、练习手段、组织形式，只有这样，才能使教学更有效。

### （三）教学行为的选择与目标立足多学科

就科学的发展史来看，当今重大的科研成果大多是综合科学和多种学科知识的综合运用的结果，有时更加要依赖于相关学科的知识。同样，当今教育发展不再是单一的、拘泥于学科的专业知识的教育，而必须是拓宽知识面的基本理论传授、重视应用能力和整体控制能力的培养。

随着知识融合、学科交叉的日益普及，体育也不再是一门单纯的学科，而成为一门经过多学科整合后形成的课程。教师如果缺乏相关学科领域的知识技能，就不可能将这些知识技能成功地整合起来，也很难实现体育教学专业化。只有具备一个庞大的、结构合理的整体知识网络，才能从整体的观点出发，全面辩证地认识体育教学；只有从多种角度进行考察，才可能真正理解体育教学。体育教学虽然是以身体练习为基本手段，但是在具体操作过程中和很多学科知识相联系。例如，美学知识让学生懂得欣赏运动美；管理学知识让教师提高班级管理效率；信息学知识让教师了解体育教学内容的传播渠道和学生接受途径；心理学知识让教师更好地了解学生的需求，掌握学生的运动技能，掌握规律；社会学知识能指导教师和学生在课堂中有机交往和互动。所以，教师在选择具体的教学方法和运用具体的教学行为时，要以宽广的眼光，跳出体育看体育，从哲学、美学、心理学、社会学、生理学、医学等多种学科中汲取养分，有机整合、综合运用，提高体育教学的有效性。

策略是指教师为实现教学目标或教学意图而采用的一系列具体问题的解决行为方式。有效教学需要教师掌握有关的策略性知识，便于自己面对具体的情境做出决策。一般情况下，按照教学实施流程，有效教学的过程分为三个阶段：教学的准备阶段、教学的实施阶段和教学的监控评价阶段，分别由准备策略（教什么）、实施策略（怎么教）和评价策略（教得如何）共同完成教学任务。

①体育教学准备策略。主要是指教师在体育课堂教学前根据体育教学的目标和要求，所要处理的问题解决行为，亦即教师在制订教学方案时所要做的工作。主要包括对教材的钻研熟悉、对学生的了解、教学目标的确定与叙写、教学材料

的处理与准备、主要教学行为的选择、教学环境的选择、教学组织形式的编制及教学方案的形成等。

②体育教学实施策略。主要指教师为实施上述教学方案而发生在课堂内外的一系列行为。按功能来划分，主要有管理行为与教学行为。前者是为教学的顺利进行创造条件和确保单位时间的效益；后者又可以分为主要教学行为（直接指向目标和内容，事先可以做好准备的行为）和辅助教学行为（直接指向具体的学生和教学情境，事先很难或根本不可能做好准备的行为）两种。

③体育教学评价策略。主要是指对体育课堂教学活动过程与结果做出的相关价值判断行为。主要涉及学生学业成就（如身体素质的提高水平、运动技能的掌握程度、社会适应能力的提高程度、心理健康的增进水平等）的评价与教师教学专业活动（如备课能力、讲解示范能力、纠错保护能力、组织教学能力等）的评价。体育教学评价策略贯穿教学活动的始终。

## 二、有效体育教学的影响因素

### （一）影响有效体育教学的人为因素

教师和学生组成了课堂的主体，教师在课堂中发挥着组织、引导的作用，而学生是学习的主体，也是课堂教学的最终受益者。如何利用课堂教学有限的时间让学生获得最大的发展，需要分析影响课堂教学的人为因素，充分发挥教师的主导作用，调动学生学习的积极性，消除对教师与学生不利的因素。

1.教师因素

（1）教学理念是否先进

体育教师的教学理念决定着教学的方向与成效，教师理念的更新需要体育教师不断学习教育教学理论，研究最新的教学动态，更新与丰富自己的知识储备，保持并强化自身的运动技能。体育教师只有具有先进教育理念，才能根据教学内容与学生特点不断变换使用适合学生的各种教学方法，不断使用各种教学手段与多变的组织练习形式以激发学生的学习兴趣，让学生喜欢体育教师，从而喜欢上他的体育课。具有先进教育理念的体育教师认为，体育教学不仅具有传授知识与技能、发展体能的功能，还具有促进人格完善、品德发展的功能，这一理念的不同直接决定着教师的教学行为与效果。心理学研究也表明，教师的教育理念对教师的教育态度和教育行为有显著影响。因此，体育教师要想不断地更新教育理念，就必须进行不断的学习，提高自己的专业素养，以丰富的知识、精湛的技艺与完善的人格魅力来感染学生。

（2）教学设计是否以学生为基础

教学设计的内容包括很多方面的内容，教学设计合理、有效的关键是要以学生基础为准。因为每个学生都是学习中的个体，他们的基础不同、个性不同，学习态度、兴趣爱好、学习方式也就存在着个体差异。体育教师在教学设计时如果不考虑学生的实情，单凭自己的判断去设计教学，其效果当然不甚理想。因此，体育教师在教学设计之前要根据教学内容对学生进行全面了解，在充分考虑学生基础与个性特点的基础上对学生进行分层教学，做到目标分层、评价分层等，并采取有效的教学方法与组织练习形式，让学生在原来的基础上都可以获得不同程度的提高。这种以学定教的教学设计充分考虑了学生的基础，能极大地促进学生学习的有效性。

（3）是否具有高超的教学技能水平

体育教师的教学技能包括很多方面，如导入技能、讲解示范技能、课堂调控技能、提问技能、学法指导技能、教学评价技能等，每一项技能水平的发挥都影响着学生学习的有效性。导入的好坏决定着能否激发学生的学习兴趣；讲解是否清楚简练、示范是否规范标准决定着学生能否把握动作技术的要点；调控技能水平的高低决定着学生是否能在教师的引导与调控之下进行有秩序的学习等。这些教学技能都是一个合格体育教师的基本要求。这就需要体育教师分析自己的特点与教学风格，明确自身不足，根据自身情况在平时的教学工作中不断完善，磨炼自己的教学技能，改善自己的教学行为，提高教学水平，削弱因教学技能不足给课堂教学带来的不利影响。

2.学生因素

（1）优化学习目标

学生学习都应该制定切合自身实际的学习目标，体育学习同样如此，且体育学习目标的制定需要体育教师的指导与帮助。以足球教学为例，学生可根据自己的运动能力与技术水平制定如下目标：进一步提高自己踢球的技术水平，提高踢球的准确度，加强教学比赛的整体作战水平，能灵活运用基本战术，本学期技能与体能考核达良好以上水平。有了学期目标后，再根据每堂课的学习内容制定每堂课的小目标，要能基本完成课堂教学任务。在执行教学目标的过程中，学生要不断了解达成情况，不断修正、优化教学目标，这样每堂课都有学习目标，有了目标就重点抓执行、抓过程，上课也就会全身心投入了。

（2）端正学习态度

学生在体育学习时都怀有一定的学习动机与期望，这种动机与期望决定着学生的学习态度。有的学生认为，体育很重要，能学习到促进自身成长的知识与技能，能增强体质、促进健康，所以其学习态度积极、认真，参与度高，能听从教师指导，并认真练习，学习效果好；有的学生认为，体育是小学科，学不学好无所谓，所以其学习态度消极，行动上表现为无心学习，与学习无关的事情就会层出不穷，如做小动作、与同学打闹等。对于课堂上出现的学生学习态度问题，体育教师要重视并加强引导，进行思想教育，让他们明确体育学习的重要性。对于学生不正确的学习态度，教师重在查找不积极的真正原因，了解学生的真正想法，走进学生的内心世界，站在他们角度去考虑问题，只要激发他们的内在动机，端正他们的学习态度，学生的学习积极性就会大大提高。

（3）选择合适的学习方式

教师的教学方式决定着学生的学习方式。体育教师要想让学生采取有效的学习方式，就必先了解学生的个性特点与学习基础。有的学生喜欢自主学习，有的学生喜欢合作学习，有的学生喜欢探究学习，无论哪种学习方式，教师都要根据教学内容的难易程度与学生实际引导学生采取合理的学习方式。那种教师讲解示范、学生机械练习的学习方式未必适合每个学生。教师可在引导、提示的基础上让学生自由选择喜欢、合适的学习方式，这样才最为有效，因为合适的才是最好的。学生采取了自己喜欢的学习方式，在探究的或合作的过程中，他们会体验到许多意想不到的乐趣，这种体验是教师教授所不能达到的。失败时他们会总结教训，成功时他们会积累经验，而这种体验与感悟是知识与技能之外最重要的东西，同时也是对学生情感与价值观的培养。

**（二）影响有效体育教学的环境因素**

1.自然条件因素

自然条件指一个地区天然的、非人为因素改造形成的基本情况。气候条件是影响体育教学效果的一个重要因素。体育与健康教育是一门比较特殊的学科，体育教学的过程大部分是在室外完成的，体育教学的内容和形式经常受到气候条件的影响和制约。

虽然一般学校体育课通常都安排在上午10点以后及下午阳光充足的时间段，但是，自然环境中的气温、气压等因素的变化对体育课中学生的生理、心理等因素都有一定的影响。如果是炎热的季节，阳光中的紫外线辐射也是最强烈的，在这种环境下，体育课必然受到影响，学生可能会出现注意力不集中、练习疲惫、表情淡漠、练习兴趣下降等问题，甚至可能会造成中暑、痉挛等热伤害；而如果在寒冷的季节，也会给学生的练习带来诸多不便，如骨骼肌的黏滞性增大，关节韧带僵硬、伸展性和弹性下降，肌肉、关节、韧带易于受伤。此外，气压的变化对人体也有明显影响，在高气压时，容易增加心脏的压力，抑制机体充分有效地活动；在风速大、沙尘飞扬等恶劣气候环境中运动，容易引起呼吸道等疾病。在室内体育教学场所时，如果上课时班级多、学生多，会不可避免地产生一些灰尘，造成相互干扰，既影响了教学效果，也影响了学生健康。如果在炎热的季节中进行运动而且缺乏良好的通风条件下，其污染的环境可引起学生心率较快、呼吸短促、易疲劳、耐力差等症状，这不仅有损学生的身心健康，还影响教学效果。

2.体育教学环境

教学环境是指与教学有关、影响教学并通过教学影响人的（师生）因素的总体。从广义上讲，社会制度、科学技术、家庭与社区条件等都属于教学环境；狭义的教学环境包括各种教学设施、各种规章制度、校风、班风、课堂教学气氛及师生人际关系等。良好的教学环境是按照一定的目的和需要而专门设计和组织的一种特殊环境，它比其他环境因素更易集中、一致、系统地发挥作用。教师可以根据教学活动需要对教学环境做出及时和必要的调控，有利于提高教学效果。

良好的教学环境也有助于学生加深和扩大其对所学知识的理解。教学环境直接影响学生学习的热情、乐趣和兴趣。学习气氛浓厚、相互适当竞争和合作的环境可以激发学生的学习热情和学习兴趣。优良的教学环境可以促进学生学习的主动性和积极性，能提高学生的学习需要，在一定程度上对学生的学习产生压力，这就促使学生主动积极地去学习，从而提高学习效果。

# 第三节 基于有效教学理论的高校体育教学方法应用

## 一、高校体育教学方法的选择与应用

### （一）体育教学方法的地位

我国学校体育教学方法在理论体系实践应用中的地位如下。

①它是为达成教学目标，使学生完成学习任务而选择运用教法的策略。

②它是遵循教学活动的特点和规律，以一定的教育理念和教学策略为依据组织安排教学活动的一种具体结构和形式。

③它既是一种实施课堂教学内容与组织形式的策略结构，又是一种按目的要素对教学有机构造和有机安排的活动过程。

④教学方法的结构和分类功能体现出策划教学情境、知识获取方式的途径、选择教学方法，将教学内容转换为具体的运行活动。

⑤对比新旧体育教学观的教学方法结构与分类，可以发现，新的教学方法从知识的结构性入手，注重教学环节的具体应用与认知的目的指向性，着力体现了"教学做合一"的知行统一观，既反映了教师如何教，也体现了学生如何学。教学是教师与学生相互结合双边共同完成的活动。过去我们只发挥了教师的主导作用和教师的教学智慧，没有发挥学生学习的主动性和学习智慧的力量，导致教学实践中"管教不管学"的现象，因而它是不完善的。

### （二）体育教学方法选择和应用的原则

体育教学方法作为体育教师在教学过程中的工具，发挥着非常重要的作用。体育教学方法受到越来越多的体育教学工作者的重视。但是体育教学方法的选择并不是盲目的，通过对体育教学的研究得出，体育教学方法的选择和应用应该严格遵守以下四项基本原则。

1.目标性原则

教学方法是为实现教学目标而服务的，教学目标为教学方法的选择提供了参考依据，教学方法又促进了教学目标的实现。因此，在进行教学方法的选择和运用时，一定要保证教学方法的目标性，首先应该清楚其教学目标是什么，然后再去思考如何应用这种教学方法完成教学目标。只有保证教学方法具有目标性，才能保证教学的质量，才能顺利完成教学任务。

2.有效性原则

在选择和应用教学方法的时候，还要考虑其完成教学目标的有效性，实际上就是指利用这种教学方法提高教学质量，顺利完成教学目标的可能性。有些教学方法由于其步骤较为复杂，花费的时间过长，就会对其他的教学内容造成干扰，降低教学的效率，那么，这种教学方法就失去了在教学中的有效性，不利于教学活动的顺利进行。例如，体育教师在指导学生进行跑步训练的时候，采用的是多媒体教学和实践训练相结合的教学方法，但是由于跑步是一项较为简单的运动，仅仅需要理论结合实践的教学方法就能完成，不需要采用多媒体教学。因此，采用多媒体教学和实践训练相结合的教学方法就会降低教学的有效性。

3.适宜性原则

每一种体育教学方法都有其相适应的教学环境和对象群体。所谓的适宜性，可以分为两个方面进行论述：一是指教学方法与学生之间的适宜性，主要指教学方法是否符合学生的身心发展的特点；二是指教学方法与教师之间的适应性。每一种教学方法对教师的自身素质都有要求，只有两者相适应，才能最大限度地发挥教学的优势。例如，在对低年级的学生进行教学的时候，教师就应该选择一些与该学段学生的认知能力和身体发展状况切合较为紧密的教学方法，如讲解法、动作示范法等。

4.多样化原则

体育是一门较为复杂的学科，体育教学方法也十分丰富，每一种教学方法都有其相对应的功能和作用，只有多种方法相互结合才能发挥体育教学的优势。多样化的教学方法不仅可以让体育课堂更加生动和丰满，还能调节课堂的气氛，激发学生的学习热情和主观能动性，使学生集中注意力，实现教学效果，提高教学质量。

### （三）高校体育教学方法的选择

1.根据具体的体育教学目标、任务进行选择

当前，我国体育教学目标是通过体育教学向学生进行体育卫生、保健知识教育，增强学生体质，促进其身心发展，培养德、智、体、美、劳全面发展的社会主义建设者。这是我国各级各类学校的共性目标。体育教学目标又分学期的、单元的、课时的目标。不同的教学目标和任务要选择不同的教学方法。例如，如果教学目标强调对学生个性的培养，可以选用发现法、启发式教学法，或学导式教学方法等；如果教学目标是在授课过程中帮助学生建立初步的动作定型，可以运用讲解法、动作示范法，以及完整与分解法等体育教学方法；如果教学目标只是强调对体育卫生、保健知识的传授，只须选用讲解法等。因此，教师在选择教学方法时，首先明确要达成的教学目标，根据不同的教学目标和任务，选择不同的教学方法。

2.根据体育教材内容的性质和特点进行选择

体育教材是实现国家和各地学校完成培养学生意图的载体，体育教学方法的选择要有效地实现体育教材内容的传递，同时，不同的体育教材内容需要选择不同的体育教学方法。有人把体育教材内容分为田径、球类、体操、民族传统体育等不同的教材，对这些教材内容的"教"和"学"就会有不同的教学方法。根据适用的不同教学领域，把体育教学方法分为基础知识类的教学方法、技能类的教学方法、体能类的教学方法及娱乐类的教学方法。在这些教材中，不同的教材内容的教学方法也是不同的，甚至不同的动作教学过程中也有不同的教学方法。所以，教师应该根据不同的教材内容特点的教学需要，选择所需要的教学方法。

3.根据学生的实际情况选择教学方法

体育教学方法要体现实效性特点，归根结底，是要看学生学习、掌握体育知识与技术的情况。因此，教学方法要适应学生的基础条件和个性特征，在选择体育教学方法时，要根据学生现有的体育知识水平、智力发展水平、年龄特征、心理特点等方面来综合考虑。考虑到学生的这些实际情况，要从学生的实际出发，尊重学生的差别，更好地调动学生的学习积极性，提高教学效果。体育教师在"备教材""备课堂""备学生"时，一定要做到对学生的实际情况心中有数，从而正确选择和运用体育教学方法。

4.根据体育教师自身的素质选择教学方法

体育教学中的教学方法只有经过体育教师的理解和掌握，才能发挥有效作用。有的教学方法虽好，但如果教师掌握不了、驾驭不了，仍然不能在体育教学实践中产生良好的效果。因此，体育教师的特长、弱点都应成为选择体育教学方法的重要依据。例如，发现法不错，却不适合不善于设置问题的教师；循环练习法能全面协调、发展学生的基本活动能力和身体素质，加大体育课的练习密度，但有些教师无法掌握各练习站点的练习情况，所以导致这种练习方法的效果相对较差。因此，教师在选择教学方法时，应当根据自己的实际优势，扬长避短，选择与自己最相适应的教学方法。同时，体育教学改革要加强师资队伍建设，不断提高体育教师的自身素质和水平；教师也应丰富适合自己的教学方法，并根据实际情况改造现有的教学方法，形成自己的教学风格。

5.根据教学条件选择体育教学方法

体育教学方法的运用需要借助一定的媒介进行，所以，体育教学方法的选择要考虑学校的体育教学条件，如学校的教学器材、场地设施等。这些教学条件的满足为教学方法的运用提供了必要的物质条件，是体育教学方法发挥作用的基础。因此，体育教师应合理地开发利用这些教学资源，特别是充分使用电化教学、多媒体技术等现代化教学手段，进一步开拓教学方法的功能和范围，以提高体育教学方法的效果。

### （四）高校体育教学方法的应用

1.运用体育教学方法要树立最优化的整体观点

实践证明，合理地运用多种体育教学方法能更好地完成教学任务，实现教学目标，达到有效体育教学的目标。在体育教学过程中，体育教学目标的实现、体育知识的传授和学习、体育学科能力的培养和发展不可能只依靠一种教学方法，所以，必须把多种教学方法合理地结合起来。每一种教学方法或每一类教学方法都有各自的功能、特点及应用范围和具体条件。同时，体育教学内容不同，教学对象、条件不同，所选择的教学方法也不同。为了有效地完成教学任务，体育教师必须坚持完整的观点，用最优化观点统筹多样化的教学方法，注意各种教学方法之间的有机配合，充分发挥体育教学方法体系的整体功能。例如，对于简单的体育技术动作和复杂的体育技术动作要灵活地运用完整法和分解法。如果既要提高学生的体能，又要提高学生的技能，就应该把体能类的教学方法和技能类的教学方法合理结合起来，使体育教学方法的作用发挥达到最优化。

2.运用体育教学方法必须坚持以启发式为指导思想

体育教学中的具体方法很多，但无论采用哪种教学方法，都必须坚持以启发式为总的指导思想。启发式是相对于注入式而言的，它不是一种具体的教学方法，而是运用教学方法的指导思想。所谓注入式，是指教师从主观出发，把学生看成单纯接受知识的容器，无视学生在学习中的能动作用。启发式则相反，它是指教师从学生实际出发，采取各种有效的形式去调动学生学习的积极性、主动性和独立性，引导学生通过自己积极的身体活动和体验，掌握体育基础的知识、技术。启发式作为体育教学方法运用的指导思想，能够培养学生思考问题、分析问题、解决问题的能力和体育学习能力。

3.运用体育教学方法要随时注意学生的外部表现和心理活动变化

在运用体育教学方法的过程中，教师既要考虑到学生的外部活动和表现，又要考虑到学生的心理活动的变化。学生的外部活动主要表现在注意力变化、情绪变化、动作质量、出汗程度、脸色变化等方面。而最难观察的就是学生的心理活动变化。这些活动和变化如果是良性的，则对提高体育教学质量起着积极促进作用；相反，如果处于不良状况，则会严重影响体育教学的质量和效果。因此，教师在运用体育教学方法时，要把指导学生外部活动的方法与激发学生内部活动的方法结合起来，根据学生内外活动的变化不断调节这两者之间的关系，组织、控制影响学生的内部因素和外部因素，使学生能够生动活泼、积极主动地学习。

4.要根据学生掌握知识、技能程度的不同运用不同的体育教学方法

学生对体育基础知识、技术的学习和掌握是有一个过程的。在这个过程中，学生对体育知识、技术掌握的程度也是不一样的。对于体育基础知识的掌握和运用，往往要经历一个由不懂到半懂再到全懂、由不会运用到基本上会用再到能比较熟练地运用的过程，这是一个由量变到质变的循序渐进的过程。而对于运动技能的学习和运用，则经历了粗略掌握动作的阶段、改进和提高动作的阶段，以及巩固运用自如的阶段。

学生在开始学习的阶段，往往以模仿教师或者同学的动作为主，对动作技能的掌握比较生疏；当学生经过多次反复的练习，在形成动作技巧以后，就可以完全摆脱模仿动作的模式，逐渐地熟练，并达到动作运用的自动化。因此，体育教

学方法的运用要注意到学生对运动技能掌握程度的变化，在学生掌握比较生疏的时候，教师要灵活地运用教学方法激发学生学习和练习的兴趣，并进行保护和帮助，然后再逐渐过渡到大胆地放手让学生自己练习，从而让学生掌握独立运用体育技术的方法。

## 二、高校有效体育教学方法的创新策略

### （一）从教学要素整体着眼，合理编排体育教学方法

在体育教学过程中，教师根据并运用课程教材来使学生学习，最终实现教学目的，一定要借助一系列方法，所以说教学方法是教学活动中的关键因素之一。体育教学方法包含教师在课内与课外使用的教学方法、教学艺术、教学方式。体育教学方法常常会受到课程内容的限制，通过学生顺利实现教学目的或教学效果。师生是体育教学方法连接的两个端点。

一般来说，体育教学效果的评价由学生反映，同时体育教学方法仅在作用于学生后方可产生效果。连接两端的主体依旧是师生。对体育教学效果产生作用的因素包括两个方面：一方面是教师传授知识和技能的能力及体育教学方法执行情况，另一方面是学生的内化、吸收及创新。换句话说，体育教学方法两端的主体是决定方法实施效果的核心，两者密切配合是形成最佳效果的重中之重。

一方面，教师各方面的素质和实际情况不仅会对选择和运用教学方法产生影响，还会对改编与创新教学方法产生更大的影响；另一方面，学生各方面的素质和实际情况也会对体育教学方法的实际效果产生影响。由此可知，教师不但要坚持提升教学水平，而且要对学生的接受能力与内化程度了然于心，通过师生协作实现"教学相长"，集聚教师和学生的力量来创新体育教学方法、改善体育教学效果。

### （二）从实际情况入手，扩展、改进体育教学方法

体育教学方法有很多，教师要提高体育教学方法的实际效果，就一定要充分联系实际情况，不仅要考察和分析学校场地是否宽裕、各项器材配备情况，还要兼顾开展体育课的实际条件。

受城乡区域差异和经济发展状况差异的双重影响,不仅无法保证我国所有高校的设备都相同,也无法保证所有高校的设备都可以满足体育教学的需求。当教师不得不面对条件不允许的情况时,应当适度扩展和优化体育教学方法,促使体育教学方法和体育教学实际更加吻合。毋庸置疑的是,体育教学方法的扩展和改进仅仅是一种手段,终极目标是充分适应体育课的需求,促使学生的健康水平得到大幅提升,增强学生的创新意识,提高学生的创新水平。

扩展体育教学方法就是对教学方法的功能与应用范围加以拓展,集中反映在体育教学的组织形式上。以教学分组为例,过去是把人数当成分组依据,但在教学改革持续深入的背景下,很多体育教师意识到教学组织形式包含很多种,所以分组依据越来越多元化。常见的分组依据包括实际兴趣、伙伴朋友关系、实际基础与水平、性格特征等。

改进体育教学方法是指在之前所用方法的前提下,教学通过总结来改进不足或导出崭新的教学方法。改进法在教学实践中的应用频率较高,如优化组织形式、改良教学方式等。

### (三)从教学效果出发,优选、组合体育教学方法

体育课是根据完善的教学程序开展授课活动的,教学过程的常见特征分别是完整性与独立性。对于教学的全过程来说,体育教学方法仅仅是一项组成要素,但其同样是达到教学目标、完成教学任务的直接方式,各项要素的协作成效是体育教学效果的决定性因素,最突出的是过程和结果的关联。就教学效果来说,对体育教学方法进行科学的选择和优化,全面发挥系统理论的作用,把"教"与"学"视为"动态系统",将目标—方法—效果融入教学环境。因此,教师在采用体育教学方法时应当"瞻前顾后",把教学目标完成情况、教学任务完成情况及实际效果都考虑在内,把学习的内在过程摆在重要位置,营造良好的教学环境,保证学生的主观能动性可以被有效激发出来。深刻认识到组合与联合使用体育教学方法的重要性,促使方法"合力"的实际效果达到最大化,在设计体育教学方法时,教师应当把各方面因素考虑在内,尽可能掌控好各方面因素,最终顺利达到教学方法的"一体化"效果。

优化组合的目的在于顺利达到目标,通过叠加各种方法来发挥整体功效。从根本上说,组合就是创新教学方法。例如,将讲解法与示范法有机结合在一起,

实现讲解与示范同步的效果，再利用讲解法来启发；将讲解法与完整法有机融合在一起，比如，在跳高教学中，先对起跳和过杆动作进行分解传授，然后完整添加助跑与落地动作，末尾分解教学细节动作。改造侧重于加工与改编实施手段、实施工具。很多传统手段经过加工改造后不会对达成目标的功能产生负面作用，相反会激发学生探究、求知的欲望。例如，借助图片或录像模仿具有代表性的动作，组织学生观看，不仅可以达到形象逼真的效果，还无须教师纠错讲解，学生可以凭借自己发现问题，找出解决问题的对策，使其在发现和解决问题的过程中受到启发。

### （四）从学生未来发展考虑，统筹筛选体育教学方法

体育课在学生发展过程中发挥着巨大作用，学生的很多性格、价值观、人格都是在学生时期形成的。由于体育学科相对特殊且包含很多种运动项目，因此对学生产生的作用十分明显，不仅会对学生身体健康和心理健康产生影响，还会对学生的人生观和价值观发挥作用。体育教学方法包含很多种样式，站在推动学生今后发展的立场来分析，统筹筛选体育教学方法，特别是要对那些由多种手段组合的教学方法实施筛选和统整；一方面，这些教学方法对学生今后发展有十分深远的作用，应当加大运用力度；另一方面，在运用这些教学方法时，应当有目的、有针对性，严禁过多使用。体育教学方法是达到体育教学目标的重要方式，虽然体育教学目标可能是单一的，但其具体途径有很大的选择空间，教师选择的途径往往是最节约精力、最直接的，这就是所谓的统筹筛选的作用。

如果教师不精心筛选，则在达成目标的过程中难免会走弯路，体育教学的实际效果也会受到影响。

1.提高整个社会对体育教学的认识程度

如同树立终身学习的概念那样，要帮助学生树立终身锻炼的概念。在现阶段，很多人不能深刻理解锻炼的意义，只是觉得学生参与体育锻炼没有学习文化知识重要。要想促使广大群众更加认可体育教学，一定要先让人们深入理解体育教学具备的积极作用，或者在高考成绩中增加学生身体素质的分数。

2.优化体育课程的设置

①教师根据一定的原则进行课堂教学设计。教师在设置课程时，要注意课程的系统性、方向性、组织性、针对性、趣味性、可操作性，还要符合学生的生理

特征。教师设计的体育课堂应该是以学生为主体的，要以吸引学生的注意力为主要目的，只有让学生对这门课程产生学习兴趣，课程才会顺利进行，否则将会困难重重。

②教师要充分发挥自身作用，正确引导学生。因为体育课程有助于学生处于放松状态，所以在采取各类教学方法时，教师一定要平等对待全体学生。无论学生的文化课成绩怎样，都需要积极带动学生成为体育课堂教学的参与者。文化课成绩往往会在学生中画出一条线，这条线会使学生之间产生距离感，而体育课对消除这种距离感有很大的积极作用。对于体育课这个平台来说，学生付诸努力就有可能取得良好成绩，和基础的关联较小，所以教师稍加引导，就可以让班级产生和谐的氛围。除此之外，在体育锻炼中，学生可以更加深刻地感受输与赢的意义。

③在课程中充分体现出运动的娱乐性。分析现阶段已经存在的体育课设置可以发现，体育课把整齐、规范摆在过于重要的位置，这使得运动失去了愉悦身心的作用。从根本上说，运动就是一种玩的方式，只有在体育课程中反映运动具备"玩"的本质，才能把学生的自觉性充分调动起来。只有学生玩得高兴，才能保证教师将这节课的作用发挥到最大，促使学生在教学过程中把积极性发挥到最大，促使学生全面领会到运动锻炼的目的，如此也有助于增加学生在下一门课中集中注意力的时间，最终使学习效率得到大幅提升。

④加强关于体育课设置的监管力度。不断提升升学率是学校扩大知名度的重要策略，我国目前存在对上体育课的监管力度不足的问题。如果可以加大监管力度，则对保证学生每天的运动时间有很大的积极作用。从本质上说，完善政策就是有效防止学校课程设置出现不合理现象，但该点需要适度增加宣传力度。需要说明的是，有效的监管手段不仅能为体育课课时提供充分保障，还能提高体育在广大群众心中的位置，有效解决创新教育理念下体育教学出现的尴尬问题。

# 第六章 体育课堂教学技能训练

## 第一节 体育课堂教学技能分类与训练原则

教学技能是教学技术或方法有目的、熟练完成的教学行为，即教学技术能够完成，并且可观测的教学行为方式。体育教学技能就是为了实现体育教学目标，在体育理论与教学理论的指导下，通过不断练习而逐渐形成的，熟练完成体育教学任务的行为方式。体育教学技能概念内涵强调技能是通过不断练习而形成的，其技能形成的标志就是能够熟练完成教学任务。

### 一、体育教学技能的分类

为了改进教学技能分类中的不足，顺应体育与健康课程改革对体育教师提出的新要求，完善体育教学技能分类体系，在前期研究成果基础上研究体育教学技能分类非常有必要。

科学合理地体育教学技能分类，有助于体育教师深刻认知教学技能，使科学训练有效并形成教学技能，从而提高教学质量，为教学技能更科学、更适用的分类提供参考。

#### （一）体育教学技能的以往分类

我国对体育教学技能的分类研究较少，学者的现有研究中大都结合了体育教学独有的特点，对体育教学技能进行了分类。

有的学者依据体育课程教学的特殊性将教学技能分为以下六种：组织教学技能、动作演示技能、语言运用技能、活动创编技能、纠正错误技能和测量评价技能；有的根据体育课教学行为方式和教学特点将体育教学技能分为导入技能、讲解技能、动作示范技能、教学组织技能、人体语言技能、诊断纠正错误技能、结束技能和教学设计技能；有的着重介绍了从事体育教学工作所需要的实践技能——体育教学实践技能，从宏观上将体育教学实践技能分为体育教学计划编制技能、体育课堂教学实施技能、说课与模拟上课技能、体育教学反思技能。

### （二）体育教学技能的重新分类

体育教学技能的重新分类遵守分类原则，在现有分类基础上，取长补短，借鉴国外教学分类注重师生互动、可观察性和可测性等特点，突出一般学科教学和体育学科特点，保证分类的科学性，避免交叉，增强实践指导作用。依据体育课教学活动即教师指导、学生练习、教学组织、观察休息、保护与帮助五大部分将体育教学技能进行重新分类，分别为教学内容编制技能、学习指导技能、活动组织技能、帮助保护技能和负荷调整技能。体育教学这五种教学活动之间分别独立，所以据此分类的体育教学技能也不存在交叉混乱的情况。根据体育课教学活动将体育课堂教学技能分类，提高了教学技能分类对体育教学活动的指导意义，凸显了体育教学技能分类的实践价值。将教师指导和学生练习分开描述，充分体现了新课改中以"教师为主导""学生为主体"的原则，避免了分类中的交叉，以教师指导确定了学习指导技能，以学生练习确定了教学内容编制技能。体育课强调互动性和安全性，保护与帮助技能非常重要，不可或缺。体育教学的特点就是使学生身体承受一定的运动负荷，这既是增强技能、提高技能的必要因素，也是会给学生带来伤害的潜在因素，运动负荷调控技能的熟练运用，将有效提高教学效果，也能有效预防运动负荷导致的过大伤害。

根据体育教学五项活动将教学技能分成五个教学技能类，各类还包括许多子类。内容编制技能包括内容选择、内容改编、内容安排等技能；活动组织技能包括课堂常规贯彻、活动分组实施、队列队形调动、场地器材使用等技能；学习指导技能包括内容讲解、问题导引、活动提示、身体示范、媒介展示和效果评价等技能；保护与帮助技能包括安全措施落实、技巧摆脱危险、助力完成动作、外部（信号、标志物、限制物等）手段运用等技能；负荷调控技能包括心率水平预计、练习疲劳判定、练习密度调整、练习强度调控等技能。

## 二、体育教学技能的形成

### （一）体育教学技能形成的感知过程

1.感知的特点与作用

感觉是人脑对直接作用于感官客观刺激物的个别属性的反映，知觉是人脑对直接作用于感官客观刺激物的整体反映，二者统称为感知。知觉的产生必须以各种形式的感觉存在为前提，通常二者是融为一体的，合称为感知觉。个体的一切心理和行为都源于感知活动。

感觉具有随环境和条件变化而变化的特点，在感觉的基础上，知觉表现出了整体性、选择性、理解性、恒常性的特征。整体性是主体在过去经验的基础上把由多种属性构成的客观刺激物知觉作为一个统一整体的特性。在这个过程中，主体利用过去经验、知识解释知觉对象的特性即为理解性。知觉是在一定的客观条件下进行的，主体会根据当前的需要选择刺激物的一部分作为知觉对象，这反映了知觉的选择性。而当客观条件在一定范围内改变时，主体的知觉映像在一定程度上仍保持着稳定，这就叫做知觉的恒常性。

感觉和知觉作为两种不同层次的心理过程，属于感性认识阶段，个体的一切心理和行为都源于感知活动。感知技能是知识和技能学习的起点，任何技能学习均缘起于主体的感知活动。主体使用多种感官去感知同一个知觉对象，将不同感官获得的信息传递到大脑，从而获得对事物的全面认识，这对技能的学习起着至关重要的作用。如果将知识或技能的学习比作一扇门，那么感知技能就是打开这扇门的第一把钥匙。

2.体育教学技能形成的感知阶段

（1）选择适应阶段

选择适应阶段是体育教学技能形成的开始阶段，练习者在这个阶段首先会对体育教学技能产生笼统的、不精确的综合印象。在教师讲解下或者通过一些体育教学技能训练的形式或途径，如体育教学观摩等，练习者会将各部分技能知觉整合成一个整体，即体育教学技能。经过此阶段，练习者对体育教学技能建立整体的感知映像，要深化这种认识还需要进一步的理解和加工。

（2）理解加工阶段

理解加工阶段是指根据知觉的形成过程，在个人对知觉对象理解的前提下，迅速对获取的信息进行理解加工的阶段。在这一阶段，教师通过言语的指导和提示唤起学习者过去的经验，补充知觉的内容。学习者根据以往经验、知识，进一步对体育教学技能的各个组成部分进行比较精确的分析，如教师对于教案设计的讲解，可以加深学习者对课的类型、教学目标、教学方法等内容的理解。在此基础上，理解体育教学技能各个组成部分之间的关系和联系，如教学内容编制技能与其他各技能之间的关系，从而构成新的综合，使教师对体育教学技能的感知更清晰、更精确。

（3）巩固恒常阶段

通过前两个阶段，练习者已对体育教学技能形成了一定感知映像，但是这种映像是不稳定的。在巩固恒常阶段，学习者将变化的客观刺激物与经验中保持的表象结合起来，巩固前阶段对体育教学技能的感知，建立起对体育教学技能恒常性观念。

3.体育教学技能感知训练过程

（1）感受性变化

感受性指感觉器官对适宜刺激的感觉能力。主体的各种分析器的感受性会随外界条件和自身机体状态不同而发生相应的变化，具体表现为适应、对比和相互作用。体育教学技能形成的过程是提高知觉分化水平的过程，在这个过程中需要多种感知觉的共同作用，需要充分调动主体的视知觉、触知觉、深度知觉、肌肉知觉、节奏知觉和空间知觉等来促进其体育教学技能的形成，可以通过微格教学等多种技能训练形式，来提高学习者的感受性变化。

（2）整体理解性

整体理解性是指知觉的对象有不同的属性，由不同的部分组成，我们把它作为一个有组织的整体，并用自己过去的经验予以解释和标志。体育教学技能由教学内容编制技能、活动组织技能等多种维度的技能组成，学习者通过感知将这些技能知觉作为一个整体，即体育教学技能。这种整体理解的特性一旦形成，即使一定范围内发生变化，知觉形象并不因此发生相应的变化，这有助于学习者通过纷繁复杂的现象把握体育教学技能的本质和规律。

### （二）体育教学技能形成的心智过程

1.心智的特点与作用

心理学上将心智定义为人对已知事物的沉淀和储存，是通过学习而形成的合乎法则的心理活动方式。从心智的定义可以看出，心智决定了主体认识事物的方法和习惯，具有指导主体思考和思维方式的特性。此外，心智过程会影响主体的行为结果并不断强化，体现了心智的修正特征。

主体器官感受到外部刺激后会根据以往经验做出分析，在这个过程中心智就会发挥作用。首先，它是主体获得经验的必要条件，主体接收信息刺激后，经由个人运用或观察得到进一步的回馈，若自己主观认为是好的回馈就会保留下来，从而形成经验；其次，心智对解决问题起着直接的调节与指导作用，主体对问题的解决必须经过判断问题性质、选择表征的形式、确定步骤、执行等一系列的心智动作才能实现；最后，心智是主体技能形成与发展的基础之一，技能是在获得知识、掌握技术的基础上，通过迁移、概括、系统化而形成的，这个过程中心智作用必不可少。

2.体育教学技能形成的心智阶段

（1）原型定向阶段

心智活动的原型，即心智动作的"原样"，也就是外化了的实践模式或"物质化"了的心智活动方式或操作活动程序。原型定向阶段是使主体掌握操作性知识的阶段。主体通过了解心智活动的"原样"，即体育教学技能的构成要素，建立起初步的自我调节机制，从而知道该怎样做、怎样去完成，为实际操作提供内部的控制条件，明确学习的方向。在内容编制技能、活动组织技能、学习指导技能等体育教学技能的训练时，应使学习者理解各部分的构成要素，建立初步的自我调节机制。内容编制技能的训练中，原型定向阶段只是技能形成的开端，要真正形成技能，还需要进行实际操作。

（2）原型操作阶段

原型操作阶段是指依据心智技能的实践模式，把主体头脑中所建立的各种活动程序计划以外显的操作方式付诸实践。学习者在原型操作过程中，依据前一阶段形成的体育教学技能定向映像做出相应的学习或实践行为。与此同时，练习者践行体育教学技能的行为也会在头脑中形成反应，从而在感性上获得完备的映像，这种完备的映像是技能形成的内化基础。因此，掌握各维度的技能时，应通过模拟上课、说课等多种训练形式或途径增强练习者将技能付诸实践的能力。

（3）原型内化阶段

如果说在原型操作阶段，主体外显的操作方式是一个由内而外、巩固内化的过程，那么在原型内化阶段，主体以外的操作方式付诸的实践会进行一次由外向内的过程，即主体心智活动的实践模式（原型）向头脑内部转换，使技能离开身体的外显形式而转向头脑内部。练习者在此阶段，对体育教学技能进行加工、改造，使其发生变化，认识由感性水平上升到理性水平，逐渐定型化、简缩化。

3.体育教学技能心智训练过程

（1）原型模拟

原型模拟首先需要确定其实践模型，即确定体育教学技能的操作原型或操作活动的顺序。因此，确立模型的过程实际上是把主体头脑中观念的、内潜的、简缩的经验外化为物质的、外显的、展开的心理模型的过程（也称为物质化过程）。为确立技能的操作原型，必须对整个体育教学技能系统进行分析：①对系统进行功能分析，分析系统对环境的作用，其中包括作用的对象、条件及结果；②对系统做结构分析，分析体育教学技能系统的组成要素及组成要素之间的相互关系；③将功能分析与结构分析有机地结合起来。在拟订假设性的操作原型后，还应通过实验来检验这种原型的有效性。在实验中如能取得预期的成效，则证明此假设原型是真实可靠的，这种经实验证实了的原型就可以在教学上应用；反之，如果在实验中假设原型不能取得预期成效，则对此原型必须予以修正或重新拟订。可以通过参与体育教学技能大赛、微课教学等多种活动，加强检验，提高练习者此阶段的能力。

（2）分阶段练习

由于体育教学技能涵盖了教学内容编制、活动组织等多种技能，且每一种技能是按一定的阶段逐步形成的，所以在训练时必须分类别、分阶段进行，才能获得良好的成效。分类别进行是指体育教学技能中的每一维度技能，往往是多种心智动作构成的，一种技能的某些部分可能在其他技能的学习中已经形成，则这些已经形成的部分就可以在心智水平上直接迁移，而不经历上述三个阶段。分阶段进行是指在某类别技能中，有些内容是主体已掌握的，有些是未曾掌握的，那就必须针对那些未掌握的进行分段练习，注意做好新旧内容间组合关系的指导。

## （三）体育教学技能形成的操作过程

1.操作的特点及作用

从教育心理学角度讲，操作是指学习者能迅速、精确、流畅和娴熟地执行操作、很少或不要有意识地注意的一种学习过程。

知识与技能必须经过操作才能最终掌握，在这个过程中，操作便现出了以下作用：首先，操作是主体变革现有知识和技能不可缺少的心理活动因素，操作过程是主体对现有经验的总结过程，是在长期学习过程中积累起来的，借助于这个过程主体才能更好地提升经验，革新现有知识。其次，操作是技能形成和发展的重要构成要素。操作过程是使主体顺利完成某种实践任务的行动方式，因此，主体对某一技能的掌握必须经历操作过程。

2.体育教学技能的操作阶段

（1）定向阶段

操作定向也叫"行动定向"，指在了解操作活动结构的基础上，在头脑中建立起操作活动的定向映像过程。体育教学技能的操作定向是指在了解体育教学技能构成及各部分作用的基础上，在头脑中建立起的各维度教学技能结构及教学动作的映像过程。操作必须在主体的、实际的操作活动中才能进行，所以操作的主体必须在操作前了解操作的结构，在头脑中建立起操作活动的映像，然后才能知道在进行实际操作做什么和怎么做，必须事先进行定向。此阶段的作用在于帮助练习者建立初步的自我调节机制，只有练习者在对"做什么"和"怎么做"有明确的了解之后才能进行相应的活动，才能更快更好地掌握有关的活动方式，促进体育教学技能的形成。

（2）模仿阶段

操作的模仿也叫作"行动的模仿"，指仿效特定的动作方式或行为方式，是获得间接操作经验不可缺少的一种学习方式。根据现代心理学的研究，模仿可以有多种形式，可以是有意的或无意的，也可以是再造性和创造性的。就体育教学技能而言，模仿的实质是将头脑中形成的定向映像以外显的实际动作表现出来，是在定向的基础上进行的，是技能掌握的开端。通过模仿，练习者把对技能的映像转变为实际行动，将头脑中各种认识与实际操作联系起来。具体表现在以下两个方面：一是通过模仿检验已形成的技能映像，使之更加完善和充实，有助于技能映像在技能形成过程中发挥更加有效、稳定的作用；二是可以加强个体的技能感受，从而更加清晰地了解技能结构，加强技能实施的控制。

（3）联合阶段

操作联合阶段是指把模仿阶段反复练习固定下来的各维度技能相互结合，使之定型化、一体化。练习者在模仿阶段只是初步再现定向阶段所提供的行为方式，但对于复杂的体育教学技能而言，要准确地掌握并在一堂课中较好地运用各部分技能，还应掌握各维度技能的相互衔接，这在模仿阶段是难以实现的。通过联合，各部分技能之间相互协调，技能结构逐步趋于合理稳定，初步概括化得以实现。此外，在联合阶段，个体对技能的有效控制也逐步增强，保证了其联系性和有效性。因此，联合阶段是体育教学技能形成过程中的关键环节，它是从模仿到自动化的一个过渡阶段，也为自动化活动方式的形成打下良好的基础。

（4）自动化阶段

就某一技术动作的掌握而言，操作自动化是指通过练习所形成的动作方式，对各种环境变化的条件具有高度的适应性，从而使动作的执行达到高度的完善化和自动化。其内在机制是在大脑皮质中建立了动力定型，即大脑皮质概括的、巩固的暂时神经联系。就体育教学技能的掌握而言，主要是指在体育教学中教学技能的执行过程不需要意识的高度控制，执行者可以针对不同的教学内容、不同的学生及不同的教学环境等，灵活、熟练地运用教学技能，完成教学任务。这是体育教学技能形成的高级阶段，是由于操作活动方式的概括化、系统化而实现的。

3.体育教学技能操作训练过程

（1）操作定向

操作定向是体育教学技能掌握过程中的一个必要环节，它的作用在于初步建立起操作的自我调节机制，进而不断调整学习者已经建立的技能表象。练习任何技能都必须以表象为基础，而熟练的操作技能都包含着非常清晰、准确的动作表象。因此，在训练过程中实施者要利用精准的示范和语言讲解，帮助练习者建立起这种自我调节机制。准确的示范与讲解可以使练习者不断地调整头脑中的表象，形成准确的定向映像，进而在实际操作活动中调节技能的执行。

（2）操作模仿

大量实验都证明，模仿练习是形成各种操作技能不可缺少的关键环节，只有通过应用不同模式的模仿练习，才能使学习者原有的技能映像得以检验、校正、巩固，并为发展成为熟练的技能铺平道路。体育教学技能由多种维度的技能组成，较为复杂，在模仿阶段，要注意整体练习与分解练习相结合，如先加强学习者对活动组织、学习指导等技能练习，再通过模拟上课等方式将各部分技能联合在一起进行练习。此外，模仿练习应与实际练习相结合，并加强反馈。模仿练习是练习者增强自我体会、自我调整的一个过程，在实际练习中做出相应的调整，从而获得提高。在这个过程中要注意信息的反馈，充分而有效的反馈在操作技能学习过程中的作用是非常关键的。

（3）操作整合

操作整合即把构成整体的各要素联结成整体。操作的整合是体育教学操作技能形成的其中一个阶段，为掌握复杂的操作系列所必需。因为体育教学技能的操作不仅要求确切地把握每一个维度，同时也要掌握各操作技能间的动态联系。在操作整合阶段，条件不变时，练习者对技能的把握较稳定，但当条件变动，练习者会发生对自己的错误不能意识、感觉的现象，很难对动作进行有意识的调节或控制，难以维持技能的稳定性、精确性。因此，此阶段的训练主要是进行专门的训练，提高练习者技能的清晰性和稳定性。

（4）操作熟练

操作熟练是体育教学技能掌握的高级阶段，是指通过练习形成的活动方式，以增强技能对各种变化着的条件有高度的适应性。教学技能的熟练是在反复练习的基础上实现，但这种反复练习并不是机械地重复，在练习过程中要不断根据练习效果提高练习的目标与要求。通过参与体育教学技能大赛、示范评比课、集体备课等体育教学技能训练形式或途径，可以有效增强练习者对体育教学技能的操作熟练程度。例如，能控制课堂秩序是活动组织技能的训练最基本的要求，在达到这一要求后还要力求学习气氛轻松活跃，做到活而不乱。另外，虽然练习的强度和密度都对技能的熟练起到促进作用，但要注意合理地分配练习时间，要根据各维度技能的难易程度及练习者的掌握情况进行时间分配。

## 三、体育教学技能训练的过程

体育教学技能训练的过程是指为完成体育教学技能训练的目标所进行的启动、发展、变化和结束，并在时间上连续展开的程序结构。体育教学技能训练的过程由动机激发、目标设计、训练形式途径和方法构成，明晰训练过程有助于练习者理解技能训练的基本原理，认定训练目标，履行训练计划，了解训练形式途径和方法。

### （一）体育教学技能训练动机的激发

体育教学技能训练动机是指推动个体参与体育教学技能训练的内部心理动因。体育教学技能训练动机具有始动、选择、强化和维持的作用，对体育教学技能训练的效果产生重要影响。

1.体育教学技能训练动机的重要性

①对训练行为具有始动作用。动机是行为的原始动力，对行为起着始动作用。动机理论认为，动机的始动作用是由诱因引起的。诱使体育教学技能训练的外部因素很多，例如新课改对教学实践的要求、教学竞赛展演的竞争、职称评定的压力等，均可促进体育教学技能训练动机的初始动能。

②影响训练行为的选择。在体育教学技能训练动机的作用下，训练行为指向与体育教学相关的内容编制、学习指导、活动组织、保护帮助、运动负荷调控等技能的学习过程，影响着训练行为的选择，决定着个体从事体育教学技能训练的努力程度。

③强化训练意识，促进教学能力的可持续发展。体育教学技能是体育教学从业人员的核心素养之一，通过技能训练，体育教学技能训练的动机得到激发，能力得到提高，强化了技能训练与自我更新的主动意识，促进了体育教学能力的可持续发展。

2.体育教学技能训练激发动机的方法

教育心理学研究表明，激发动机需要从影响动机的两个要素即内部需要和外部诱因入手。因此，体育教学技能训练动机的激发，是根据体育教学技能的学习目标，通过设置特定的教学情境，满足体育教师体育教学技能的需求的过程。具体来讲，要从以下四个方面激发体育教学技能训练的动机：第一，设置合理的、具体的体育教学技能学习目标；第二，增强体育教学技能的主观感知，提高教学胜任能力；第三，开展各种形式的教学技能展演竞赛活动，增强教学活动愉悦体验；第四，及时反馈，开展建设性评价，获得满足感和成就感。

## （二）体育教学技能训练的形式和途径

体育教学技能训练不仅是技术行为能力提升的过程，更是心智技能和情感体验的历程，通过了解各项体育教学技能的基本要素，分析其运用时常见的错误与问题，从而选择行之有效的训练形式和途径，可以使体育教学技能的提高事半功倍。体育教学技能训练的形式和途径很多，在教学实践中较常见的以个人训练自我活动为主的形式有微格教学、教学观摩、教案设计、模拟上课和说课；以集体配合完成的训练途径有微课教学、体育教学技能大赛、示范课评比、集体备课和跟岗培训。

## （三）体育教学技能训练的方法

1.感知训练方法

人体通过感知建立与外在世界的联系，并形成直接经验。人在间接经验知识学习过程中，也常需要借助身体的感知，使知识转化成能够被感知的事物或代码，以帮助理解和吸收。所以感知是认识的基础，它为获得直接的体验及建立抽象概念提供了实质性的内容。随着感知的经验越来越丰富、感觉越来越敏锐，认知活动也就越广泛和深入。因此，体育教学技能的形成和建立首先从体育教学技能的感知觉开始。体育教学技能的感知觉训练是指通过观察、聆听、体验等方法，获得体育教学技能的主观感知，是体育教学技能形成的基础。

2.心智技能训练方法

现代教育理念对体育教学的要求越来越高，其中心智技能的地位越来越重要，不仅要熟练掌握体育教学的操作技能，还必须从事教学内容编制、负荷调控等以脑力劳动为主的工作，并具备一定分析问题和解决问题的能力。因此，心智技能训练主要包括分析能力训练和解决能力训练。

①评课法。评课法能提高分析问题的能力，它既可以通过课后自评的形式，对体育教学内容编制是否合理、活动组织是否有效、保护与帮助的方法是否正确、负荷调控是否科学等进行反思，也可以听取专家和同行的意见，或对公开课或网络视频课进行分析和评价，通过多种路径提高教师分析问题的能力。

②设疑法。设疑法是指设置特定的教学情境和问题，让练习者拟订解决问题的方案。例如，对于体重较大和身体素质较差的学生如何设置运动负荷，不同水

平的学生如何进行活动组织更加有效等。

③纠错法。纠错法是指找出体育教学过程中不合理的地方，并提出解决问题的方案。例如，队列队形的设计与调动是否烦琐，负荷安排过大或过小如何进行调整等。

3.操作技能训练方法

操作技能训练是体育教学技能训练中最重要的一个环节，根据操作技能形成的过程和规律，操作技能训练的方法包括表象训练、模拟训练和整合训练三种方法。

①表象训练。表象训练是指将与特定教学任务有关的体育教学知识或技能，在头脑中重现的训练方法。通过表象训练，能够有效建立与教学任务有关的认知结构，从而确立教学活动初步的调节机制。表象训练的基础是通过对体育教学活动的观察、体验及反思来完成的，是体育教学技能形成定向阶段最有效的训练方法。

②模拟训练。在表象训练的基础上，本着从实战出发的训练原则，设置具体的教学情境，分别对体育教学内容编制、活动组织、学习指导、保护帮助及负荷调控进行有针对性的模拟练习，增强练习者的实践能力。

③整合训练。整合训练是指将各项体育教学技能综合起来应用到教学实践中的训练方法。设计完整的体育课或教学单元，将不同的体育教学技能应用到实践教学中，形成前后连贯、相互协调、合乎教学法则、优质高效的教学技艺。

## 四、体育教学技能训练的基本原则

体育教学技能训练的基本原则是广大体育教师在长期教学实践中积累的经验概括和总结，对体育教学技能训练具有普遍的指导意义。

### （一）理论研究与教学实践相结合原则

理论研究与教学实践相结合原则是指在体育教学技能训练理论的指导下，紧密结合体育教学实践，有效地进行体育教学技能训练。

体育教学过程是复杂的，课堂的教学行为也千变万化。体育教学技能训练必须理论先行，了解并掌握体育教学技能形成的规律，形成正确的认知，在科学的理论指导前提下，才能顺利地开展。否则，技能训练的效率将难以保证，甚至走弯路。理论研究要与教学实践相结合，在教学实践中，通过教学设计、课堂教学等具体教学环节发现教学中教学技能存在的问题。因此，二者结合才能有针对性地改进强化，从而提高训练效果。

### （二）单项技能训练与综合训练相结合原则

单项技能训练与综合训练相结合原则是指注重提高单项体育教学技能的同时，还要将单项技能不断融入综合训练之中，使各单项技能有机整合，实现整体优化。

一般来说，单项技能训练是指针对一项或以一项为主的体育教学技能的训练。综合训练是指同时涉及多项体育教学技能的训练。在综合训练中，训练环境、程序、内容、目标和手段等相对于中项技能训练会更复杂，更接近体育教学的实际，难度更大、更具挑战性。单项技能训练与综合训练相结合有利于提高体育教学技能水平。

### （三）个人训练与团队训练相结合原则

个人训练与团队训练相结合原则是指根据体育教学技能训练的实际需要，合理采用个人训练或团队训练的形式，整合个人训练的自主灵活及团队训练的责任、竞争意识强等特点，有效提高体育教学技能训练水平。

个人训练以个人自主学习、自主训练为主，强调自律、独立训练。团队训练是指以团队的形式进行体育教学技能训练，强调团队整体的训练及团队整体的进步。个人训练与团队训练相结合，有利于促进个人及团队整体体育教学技能水平的提高。

### （四）传统手段与现代手段相结合原则

传统手段与现代手段相结合原则是指根据体育教学技能训练的实际需要，合理采用训练手段，既要积极利用体育教学技能的现代训练手段，也要恰当采用传统训练手段，传统手段与现代手段互相补充，有效提高体育教学技能水平。

传统体育教学技能训练手段主要是指师徒传授、教学观摩等，现代体育教学技能训练手段是指微格教学、多媒体技能培训系统等。传统手段与现代手段都有各自的优势和不足，传统手段与现代手段相结合，能够实现优势互补，会极大地增强体育教学技能训练实效。

以上对体育教学技能训练的四个原则进行了分析。实际上，四个原则是相互联系、相互影响的，在运用过程中，既不能夸大某一原则，也不应低估其他原则，只有综合考虑并结合实际，灵活而有创造性地运用，才能发挥原则的指导作用。

## 第二节 体育课堂教学技能训练模式

体育教学技能训练的模式是依据认知科学理论建构，将技能的形成提升到认识论和方法论的高度，以行为主义、认知主义、建构主义、人本主义学习理论为基础，对体育教学技能训练模式的含义、结构和要求进行深入解析。体育教学技能训练模式起着承上启下的作用，既要将技能训练的基本原理贯彻到具体模式中，又要为训练实践活动提供理论指导、操作程序和策略分析。没有一种模式是普遍有效的、最优的，熟练掌握体育教学技能，需要应用不同的训练模式，也就是要根据自身具备的能力条件和技能本身的实际特点，选择运用不同的或多种体育教学技能训练模式，考虑训练策略，设计实施方案，掌握相应的体育教学技能。

### 一、程序训练模式

体育教学技能的程序训练模式以行为主义学习理论为基础，主要目的是促进体育教学技能形成的快速高效、准确规范。

#### （一）程序训练模式的含义与特征

1.程序训练模式的含义

程序训练模式是指以按照程序排列的体育教学技能内容作为外部刺激因子，运用相应方法不断练习，进而掌握并达到技能自动化水平的训练过程范式。行为主义学习理论把人类学习归结为与外部环境相互作用的反应系统，即"刺激—反应"（S-R联结）系统，通过控制外部刺激就能控制和预测行为，进而控制和预测学习效果。程序训练模式中体育教学技能与练习者技能习得之间，是直接的、纯粹的直线型关系，反复、明确的体育教学技能刺激，有助于学习者的技能习得，有利于自动化操作规范的学习与形成。

2.程序训练模式的特征

根据体育教学技能的程序训练模式概念分析，程序训练模式具有以下特征：

（1）程序性

把体育教学技能分解成许多小的项目，按照一定的顺序排列起来，对每一项目都必须熟练掌握、操作和运用，经过审核通过，再进入下一步的学习。

（2）渐进性

程序训练模式的训练计划编排体现了学习活动循序渐进的特点，每一个练习项目都是下一个的前提和基础，只有对前一个小项目完全理解和掌握了，才能进行下一个小项目的练习。

**（二）程序训练模式的要求**

1.合理编排，循序渐进

将体育教学技能按照操作的难易程度分级，由低到高、由简单到复杂，进行小步子的逻辑序列编排，使每一个正在学习和掌握的项目成为后一练习项目的基础或相关部分，关注不同训练项目之间的衔接，按部就班地严格遵照程序训练模式的步骤顺序进行训练。

2.区别对待，自定进度

训练安排必须严格履行程序设计要求，不能随意变更练习的顺序，但应注重个体差异，根据自身的掌握情况调整练习进度，使训练速度与能力保持一致。依据个体对技能形成的难易感受，可自行调控训练步调，采取分支式、直线式或跳跃式的训练步骤。

3.反复练习，巩固强化

把体育教学技能分解成片段知识、单个技术或单元项目，遵循预定程序组织训练活动，反复训练，加深记忆，达到自动化操作水平。反复练习不是简单地重复，而是在反馈基础上，调整练习重点、攻关难点，直至熟练掌握。训练安排有既定的步骤和计划，可无限次反复练习，也只有通过检验和修正并多次反复练习才能达到技能自动化的效果。

4.适时反馈，自修为主

程序训练模式重视环境刺激对个体行为的影响，容易忽视内部心理过程，循规蹈矩地按套路训练，积极性和主动性有时难以发挥。因此，对训练的效果要适时验证和反馈，认识到自身的不足，自觉提高或降低训练强度，培养主动获取知识的方法、思维能力和创新精神，以及自学、自修的能力和习惯。

## 二、探究训练模式

体育教学技能的探究训练模式以认知主义学习理论为基础，认为学习在于个体内部认知的变化，是一个比刺激—反应联结复杂得多的过程。在既定目标的指引下，模仿、迁移，甚至创造性地应用体育教学技能，解决实际训练中的问题，培养练习者发现、分析与解决问题的能力。

### （一）探究训练模式的含义与特征

1.探究训练模式的含义

探究训练模式是以体育教学技能中的某项技能为目标，在技能训练的特点、实施要求等原理指导下，主动发现问题、寻找答案，进行探索和研究性活动的训练过程范式。认知主义学习理论认为，学习就是面对当前的问题情境，在内心经过积极的组织，从而形成和发展认知结构的过程，强调刺激、反应之间的联系是以意识为中介的，强调认知过程的重要性。

探究训练模式是通过有意识的练习形成"路径导航"的综合表象，"路径导航"包括训练的内容、方法、时间、环境等要素及它们之间的关系，是指在明确训练目标的前提下，将体育教学技能训练中的要素布局在特定的环境中，经过个体内心的项目识别和组织协调，"导航"训练直至目标技能达成的过程。探究训练模式必须明确所要进行训练的目的、意义，对所须掌握的技能有清楚的认识，并能遵循一定的顺序和规律操作，直至完成目标技能的训练任务。漫无目的的探究活动，既浪费时间又无助于技能的形成。

2.探究训练模式的特征

（1）探索性

探究训练不是简单地、机械地形成运动反应，而是在有明确目标指引下，以发现问题、分析问题、解决问题为逻辑主线，强调个体内在心理过程，激发学习者的主观能动性，按照既定路线自觉训练，清楚练习目标、步骤、环节和方法，在探寻的过程中提升心智技能和操作技能。

（2）主体性

重视在技能训练中个体的主体地位，强调认知、意义理解、独立思考等意识活动和心理动机，以及训练的亲历性、灵活性、主动性和发现性，使其在主动观察、判断、分析、归纳等基础上解决问题。

（3）基础性

重视个体训练中的准备状态，即训练效果不仅取决于外部刺激和个体的主观努力，还取决于一个人已有的知识水平、认知结构和非认知因素等，基础准备是任何有意义的探究训练赖以产生的前提。

（4）体验性

体验性是要求进行目标模式训练时亲身观察、探索和体验，提倡理解原理、独立思考、发现知识的过程。体育教学技能训练不仅可以习得体育教学基础知识和技能，更是获得生活与学习体验的过程。

## （二）探究训练模式的要求

1.积极内化，激发动机

探究训练模式是一种积极主动的过程，因而内在的动机与训练活动本身会促进个体的内在强化作用，可有效提升心智技能。然而，此模式对非智力因素重视不够，情感、意志、兴趣、性格和需要等均会影响训练目标的达成。只有重视激发和调节训练动机，强化内部心理过程，使智力因素与非智力因素紧密结合，才能使训练达到预期效果。

2.问题明确，任务具体

在体育教学技能训练开始前，就要明确提出要探究的目标问题即核心技能，明确训练的目的，因为探究训练活动是为最终达成技能、形成目标服务的。而围绕目标问题设计的相关任务，必须具体、指向清楚，有助于练习者循规而至。

3.不断尝试，顿悟渐悟

探究训练模式注重个体技能形成的体验过程，主要是亲历发现问题、研究问题、解决问题的学习过程，在不断尝试探索和寻找答案中，提高判断和决策能力，通过技能训练过程，感悟探究的心理过程，有利于在未来的体育教学实践中合理运用探究教学法。

## 三、情境训练模式

体育教学技能的情境训练模式以建构主义理论为基础，练习者通过情境训练模式提高体育教学技能，更能体验知识的习得与转化过程，以亲身体会阐释练习过程，有利于对具体教学情境和自身教学行为的反思，提高及时、有效应对不断生成和变化着的、复杂多样的教学形势的能力，学习并获得处理各种教学问题的经验。

### （一）情境训练模式的含义与特征

1.情境训练模式的含义

情境训练模式是在创设训练情境的前提下，通过角色扮演的方式，经过主体的选择、加工和诠释，将技能知识转化为教学实践的训练过程范式。认识并非主体对于客观现实简单的、被动的反映，而是一个主动的建构过程，在建构的过程中主体已有的认知结构发挥了特别重要的作用，而主体的认知结构亦处在不断发展之中。获得知识的多少，取决于个体根据自身经验去建构有关知识的意义的能力，而不取决于记忆和背诵的能力。由于每个练习者所具备的经验不同，每个人对体育教学技能的理解方向和建构方式也不尽相同，情境训练模式帮助练习者发展自主训练的意识和能力，有利于其不断地自我更新和自主成长。

2.情境训练模式的特征

（1）自主性

个体必然有着不同的知识背景和经验基础（或不同的认知结构），因此，即使就同一个目标技能而言，相对应的训练活动也不可能完全一致，必然存在个体的特殊性。体育教学技能的情境训练模式是一种高度自主的活动，不同的人有不同的体验和组构。体育教学技能的情境训练模式是一种高度自主的活动，练习者能够设计适合自身发展的方案，并能进行计划、选择、修正，在训练中的自主性参与是其提升思维水平和实践能力的根本性动力。

（2）社会性

情境训练模式是在一定的情境下，借助其他人的帮助即通过人与人之间的协作活动而实现的意义建构过程，所以，社会环境、社会共同体对主体的认识活动有重要作用，学习者的训练活动是在一定的社会环境中得以实现的。

（3）建构性

如果说程序训练模式的落脚点在结果，那么情境训练模式的侧重点就是意义和过程，主张在训练过程中学习"如何训练"。情境训练模式是个体运用自己的经验去积极地建构对自己富有意义的理解，而不是去理解那些用已经组织好的形式传递给他们的体育教学技能内容。也就是说，提高某项体育教学技能并不是最终目的，提升个体的体育教学思维、组构和理解能力才是终极理想。

## （二）情境训练模式的要求

1.创设情境，模拟真实

提倡建构训练模式，营造具体和真实的训练情境，并反对抽象和概括，而是尽可能贴近体育教学现实情况，使练习者在情境中感受体育教师形象的同时，愿意对情境持续地产生注意，从而产生或满意或愉悦或悲伤或热爱的情感体验。多方面的情感体验不应都是积极的，适当消极的体验有利于练习者在面对真实的体育教学实践时做好充足的心理准备，可以从容面对、坚韧不屈。

2.方法混搭，反思改进

在运用情境训练模式的同时，要注重多种训练方式、方法的结合使用，达到更好的训练效果。教育情境的不确定性、非线性和混沌性，决定了教学没有固定的模式和技能技巧可以套用，因此，体育教学技能训练也必须凭借自己对教学技术的理解和领悟，做出自主判断，选择适当的训练方法，不断地对训练过程进行反思、自我调整、改进训练细节。

3.基础扎实，体验创新

体育教学技能情境训练模式的应用，要求具备良好的基础知识和基本的体育教学技能，在所创设的情境中应用自如，全情投入体验情境，把训练的重心放在提升心智方面，体验学习、挑战、交流和创造的乐趣。在应用情境训练模式进行体育教学技能训练时，重点是体验学习和思维的过程，练习者可以模仿体育教学实践，但更重要的是理解贯穿整个教学过程的原则和方法，筛选适合创设情境的内容，切勿为了应用模式而进行无效或低效的体验。

4.合作完成，群体相容

体育教学活动由于其特殊性，许多练习需要通过师生、生生协作与配合才能完成，因此社会能力的培养渗透在体育活动的方方面面。在进行体育教学技能训练时，必须重视同伴之间的协作和竞争对手之间的尊重，感悟群体动力的重要性，使学习者在掌握技能的同时，建立融洽的人际交往关系，相容于群体之中，为今后从事体育教学奠定良好的社会适应能力基础。

## 四、展演训练模式

展演训练模式是以人本主义学习理论为基础，它的顺利开展建立在对体育教学技术的深入理解及较熟练掌握的基础上。纯熟的心智技能和操作技能是一个数据库，在教学过程中选择"用什么"和"怎么用"取决于练习者的观念风格和临场发挥。只要遵循体育教学的基本规律和原则，体育教学技能就可根据实践中教学要求、情境、学生的差异而灵活运用、组合、搭配，切勿被生搬硬套的教学行为习惯所束缚。

### （一）展演训练模式的含义与特征

1.展演训练模式的含义

体育教学技能的展演训练模式是以提升体育教学技能水平为目的，以完整展示技能训练成果或完成某项教学任务为基本方式的训练过程范式。展演训练模式不仅关注教学技能和认知能力方面的提高，还有个体情感、意志、创新能力等方面的自我肯定和实现，使练习者养成较强的感受性，便于感知自身和教学对象的情绪，有助于在未来的体育教学实践中与合作伙伴、教学对象和谐相处，调整情绪和教学方式、方法，及时有效地应对和处理突发事件，注重提升体育教学技能运用到实际教学情境下的能力，并形成独特的教学风格。

2.展演训练模式的特征

（1）灵活性

教学过程具有复杂性和变化性，即便是在规定了教学目标和方法的前提下，也会因为环境、对象、组织能力等条件的变化，产生千差万别的情况和效果。因此，展演训练模式就是训练学习者将自己的体育教学技能完整、全面地展现出来，灵活运用技能手段，合理地处理突发事件，临危不乱。

（2）主观性

主观性是鼓励从自我的角度出发，感知体育教学的魅力，对体育教学技能训练的原则、规律等基本原理的个性领悟。自我实现和为达到目的而进行创造的能力才是个体行为的决定因素，个人所处的物质、社会和文化环境只能促进或阻碍他们潜能的实现。

（3）独特性

个体对知觉方式的调节、学习能力的获得、持续学习等均存在差异，因此，展演的方式和效果不尽相同，不同的展示个体存在不同的表现。展演训练模式可以促使个体在进行技能训练活动时，深入理解训练内容，客观地审视自己，对完善练习者的价值取向与教学风格具有十分重要的意义。

（4）创造性

展演训练模式通过对规则和假设的不断创造，解释观察到的现象。而当教学技能的原有观念与新的观察之间出现不一致，原有观念失去平衡时，便产生了创造新的规则和假设的需要。展演训练模式通过对教学要素的个性解读，创造性地设计和实施教学活动，是一种创新性的理解和行动过程。

## （二）展演训练模式的要求

1.彰显个性，全面发展

教学风格的形成一般要经历从模仿到独立再到创新、稳定的过程。练习者能在训练过程中感受到体育教学的乐趣、成功、满足，激起其认知与情感的相互作用，重视创造能力、认知、动机、情感等心理方面对行为的制约和促进作用，从而全身心地投入训练，逐渐形成自己的风格，并注重其行为、态度、人格等的全面发展。教授者不仅要关注体育教学技能的形成，更重视个体的内心世界，重视训练过程中学习者的认知、兴趣、动机、需要、经验、个别差异及潜在智能等内部心理世界的全面发展。

2.自我提升，协同促进

展演训练模式注重自我评价反馈，重视自我的修炼与肯定。展示自我固然是提升自身能力品味的关键途径，但不能忽视社会、文化、学校、教师和家庭教育的协同作用。现实中的学校总是在与社会文化环境的互动中，改变着个体的教育目标、方针与办学模式，对练习者施加种种影响，指导教师和合作伙伴作为促进者、协作者，对个体成长为一个既具有社会组织特性，又具有独特个性的人意义重大。

3.气氛宽松，张弛有度

提倡在宽松、自由的训练氛围中，给练习者提供充足的空间，体现自由展示的精神，使其充分发挥所长。但是必须遵循角色规范，遵守必要的规章制度，既自由又受纪律制约，适应当前的训练与未来的生活。展演训练模式有利于练习者潜能的开发，但又不应该一味迁就其原有的水平和独特性。

4.完整展示，积极反思

展演训练模式要求练习者完整展现训练过程和结果，使体会教学的某项技能或综合技能得到充分发挥；反思是对训练行为的总结与纠错，通过对展演过程的深刻审视，使练习者再次回顾和思考技能训练的认知、行动、感悟的经过，从而整改和完善训练计划，提升训练效率，提高自我监管、解决问题的能力。

# 第三节  说课技能与讲课技能

## 一、说课技能

### （一）说课的概念与体育课教学的特点

1.说课的概念

说课既是一种具有创新意义的教学研究活动，又是教师职业技能训练的主要内容。

说课就是指讲课教师运用系统论的观点和方法，在规定的时间内，用语言及其他辅助手段向人们介绍一堂课的设计意图和预想程序的一种教学活动形式。教师在完成教案的基础上，阐述自己的教学设计方案及理论依据，系统而概括地解说自己对具体课程的理解，阐述自己的教学观点，表述自己具体执教某课题教学的设想、策略，以及组织教学的理论依据等。然后由专家评委、学者、领导进行评价，推断该教学设计方案是否切实可行、能否达到预期效果的一种教学研究活动。

说课是在备课之后、上课之前进行的一种新的教学组织环节。说课源于备课，而又高于备课，它是上课前的实践演习；它不是上课，又是准课堂教学。说课的时间一般在10分钟左右，在课前或课后进行均可。

2.体育课教学的特点

体育课教学是以身体练习为主要形式的实践型教学形式，不论是教师还是学生本身都认为实践课练习的重要性远远大于理论讲授课，从而忽略了教学设计在体育课教学中的重要作用。而教师在教学备课中，常常对教什么、怎样教给予更多的关注，很少考虑为什么教这些、为什么这样教、这样教的结果如何等。这样就造成体育教师对大纲理解不深刻，对教材分析不完善，对教法、学法运用不灵活，对教学程序设计不严密，对重点、难点定位不准确等。

我国各学校根据学生需求、场地条件、师资结构等实际情况实施了适合本学校的课程。学校自主制订教学大纲、教学计划及课时安排，各主管教委制定相应的教学检查系统。这种教学的形式给予体育教师很大的自由创造空间，有利于教师根据自身的优势开发新的教学方式与方法。

（二）说课对体育课的积极作用

说课活动的好处很多，从不同的角度看，有不同的答案。根据实践和理解，说课活动有以下四个方面的意义。

1.有利于提高教研活动的实效

以往的教研活动一般都停留在观摩几节实践教学课，再由相关的专家、教授或同行评评课。上课的教师处在一种完全被动的位置。教师只能将备课的结果运用于实际操作中，听课的教师也不一定能完全理解授课教师的意图，如果运动项目不同，评课教师就更是无从下手，导致教研实效低下。通过说课，授课教师说说自己教学的意图，说说自己处理教材的方法和目的，听课教师能明白任课教师应该怎样教、为什么要这样教，从而使教研的主题更明确重点更突出，提高教研活动的实效。另外，还可以通过对体育教师进行说课形式的考核，统一思想认识，探讨教学方法，完善考核制度，从而提高教学效率。

**2.有利于提高教师备课的质量**

通过调查了解了很多教师的教案,从总体上看教师的备课都是很认真的。但是教师都只是简单地准备怎样教,很少有人会去想为什么要这样教,备课缺乏理论依据,导致了备课质量不高。要说好课,首先要说教什么和如何教的问题,体育教师必须认真学习教学大纲,钻研教材,弄清教材的前后联系,以及教材内容在整体教材中的地位,并阅读有关教学资料,以便加深理解大纲教材,才能准确制定教学目标。教学目标的确立有助于教师明确学生学什么和教师事后检验学生学得怎么样,有助于教师明确学生怎么学、教师怎么教的问题。在说课的准备过程中,往往会把备课中的隐性思维通过说课转化为显性思维,不断否定备课中出现的缺点和失误,从而相应地调节自己的想法,使有关的观点经过提炼而清晰起来,不断加以完善。说课活动可以引导教师去思考,从根本上提高教师备课的质量。

**3.有利于提高课堂教学的效率**

教师通过说课,可以进一步明确教学的重点、难点,理清教学的思路。说课过程中对教学任务的分析,是对学生的起点能力转化为终点能力所需要的从属知识、技能、情感和态度进行详细阐释的过程,这就为确定教学内容的范围、深度和重点、难点、关键点打下基础,这与教什么、学什么相关。另外,说课要揭示教学内容中各项知识、技能之间的相互联系,为教学顺序的安排打下基础,这样就可以克服教学中重点不突出、训练不到位等问题,提高课堂教学的效率。

**4.有利于提高教师的自身素质**

**(1)说课要求教师具备一定的理论素养**

说课促使教师不断地去学习教育教学的理论,提高自己的理论水平。说课要求体育教师用语言表达自己的教学思路及设想,通过语言向同行或专家介绍自己将如何上一节体育课,这种机会给青年体育教师提供了在有人监督和评论中用口语表达自己如何上实践课的机会,促使青年体育教师多读书,钻研教材,理清思路,准确术语,勤学苦练,其语言表达能力必然会在短时间内有较大幅度的提高。

**(2)坚持说课能帮助青年体育教师提高教学设计能力**

课堂教学是一个复杂多变的系统,要全面反映教学需要罗列相当多的因素。

同时，教学又是一个准备、实施、目标达成的完整过程。因此，说课要从三个方面展现。

①准备。即为教学准备阶段而进行的教学背景分析，由教学需要、教学内容、教学环境和教学策略构成。

②实施。由教学过程中的各主要环节、教学媒体和教学方法手段构成，主要解释怎么做、为什么这么做。

③目标达成。即对教学目标的达成而进行的教学预测或反思，也就是对本课教学设计所引起的教学效果的预测或评价，以及对自己教学设计的评价与反思。

若课前说课，对其教学设计实施以后可能会出现的结果进行预测；课后说课，则对其教学设计实施以后的教学结果与预期目标做一番比较，从中总结经验教训，并对原有设计提出改进，以提高教学设计能力。

## （三）体育课说课的基本内容

新课标下的说课必须充分体现课改的基本精神。说课的基本内容和要求主要包括如下十三个方面。

①说背景环境。了解学生身心状态基本情况和教学需要解决的问题。

②说教材。教材分析一般包括以下内容：教材与课型、教材的类别和地位、教材的特点和作用（知识结构、实践价值、人文价值、地位和作用等）、学生特点（学情分析）、教学的必要性、教材的内容和结构、教材的重点和难点、教材的结构处理等。

③说目标。结合本节课的具体内容，提出通过教学在运动参与领域目标、运动技能领域目标、身体健康领域目标、心理健康领域目标、社会适应领域目标的基本要求和需要达到的要求。

④说重点。教学重点是课堂教学中要使学生学会和掌握的最主要和最重要的知识、技能或方法等内容。说课时，先说出教学重点是什么，再说明你为什么把此内容确定为本课的教学重点。

⑤说难点。教学难点是一堂课中学生可能最难理解、最难把握、最难学会的知识、技能、方法等内容。同样在说教学难点时，最好说明为什么把此内容确定为本课的教学难点。

⑥说教法。探究教学方法是实现目标的有效途径。教师要根据本节课的教学目标和教学内容，设置若干能启发学生思维的问题，以问题为载体，培养学生的科学探究能力。教学方法很多，在说课中不必面面俱到，要进行概括或选择重点的、有价值的说。

⑦说流程。说教学程序是指教师说明并应用设计的基本理念，阐述自己的教学思路、课堂结构等内容的过程，是与上课最接近的教学操作的口语化、现实化的尝试。

⑧说组织。组织教学也称为组织措施，体育（与健康）课的组织教学是指顺利进行课堂教学的保证措施与手段。主要指体育（与健康）课的常规要求、场地布置、器材运用、队形及队伍调动及确保教学的组织形式。一般实践课说课时应加以适当说明。

⑨说手段。体育（与健康）课教学手段主要指教学过程中采用的传递信息及锻炼身体的媒体或设备。它包括教学和身体锻炼所需要的各种媒介物。例如，体育场地器材、电化教学设施及检测评估的各种仪器、图表等，就是通常我们称的教学媒体（或教学媒介）。

⑩说场地器材。计划本课所需的场地器材和用具安排时要注意，场地的运用要相对集中，并尽可能充分利用学校的器材条件。考虑成熟后，应在场地器材一栏内填上本课所需的场地器材和用具的名称、数量、规格，以便课前准备。

⑪说课后作业。课后作业包括课后练习等。

⑫说教学评价。这里所说的是教学过程中的结果性评价，即采用什么方式对本课教学效果进行评价。教学评价也可作为教学方法来说，但那是过程性评价，是为了激励学生学习行为，强化学生对所学知识技能的掌握和理解，从而达到促进教学过程的目的。

⑬说课后反思。课后反思主要包括：反思自己的教学行为；反思自己的教育理念；反思自己的角色及与他人的关系；反思自己的思考与学习方式。

教师只有对自己的教学实践不断地进行研究和反思，才能逐渐提高实施新课程的教学策略。在课后反思的基础上，认真写出"教学后记"，写教学后记是提高教学水平的重要途径。要反思成功做法、失败之处、教学灵感、学生问题、学生见解、教学设计等。

## 二、讲课技能

### （一）讲课和说课的区别与联系

1.讲课和说课的区别

（1）对象不同

说课的对象是专家评委；讲课的对象则是学生。

（2）目的不同

说课的目的是分析该教学方案是否切实可行，能否达到预期效果；讲课的目的则是完成教学任务。

（3）主线不同

说课的主线是整合三维目标的教学设计思想，即教什么、如何教、为什么要这样教，其中"为什么要这样教"是说课中的重点和难点；讲课的主线则是完成三维目标的教学程度，即创设教学情境，引导学生发现问题、提出问题、分析问题和解决问题，在分析问题的过程中深化概念，在解决问题的过程中掌握科学方法。

（4）性质不同

说课是一种教学研究活动；讲课是一种教学活动。

2.讲课和说课的联系

说课与讲课的相同之处在于，最终目的都是确定实现教学目标所采取的教学策略与教学途径。

### （二）板书技能

提到教师，大家就会联想到黑板粉笔，那是因为黑板粉笔就代表了教师的一项从教技能——板书技能。传统的板书是指教师运用黑板书写文字符号、图形和图表等传递教学信息，以达到辅助课堂教学的一种教学行为方式。板书又分为正本书、副板书。正板书通常写在黑板中央或左半部，为教学内容的高度概括；副板书一般写在黑板两侧或右侧，是正板书的补充或辅助正板书讲解的一些内容。因此，正板书须课前精心设计，而副板书可根据实际情况在课堂上临时发挥。所以一般板书技能中的板书是指正板书。

随着大批年轻教师走上讲台，现代教学媒体越来越多地介入课堂教学，有的教师在课堂上很少在黑板上书写板书，甚至一节课下来一个字也没写，而是直接事先将板书内容制作成幻灯片，上课时直接投影出来。

### （三）演示技能

人的认识规律是从生动的直接感觉到抽象的思维，再从抽象的思维到思维的实践，最后形成理性认知。演示就是一种符合这一规律、出现较早的辅助教学的一种方法。演示技能是教师在课堂教学中进行示范操作或运用实验、实物、模型、图片、图表及电化教学等直观教学手段，为学生提供感性材料，充分调动学生的感官，形成表象和联系，指导他们观察、思维和练习的一类教学行为。其核心就是根据教学内容为学生提供恰当的直观感性材料，并借助它引导学生进行知识学习。

### （四）讲解技能

教师上课也称为讲课，那是因为讲解技能可以普遍应用于每一堂课，而且具有高效率的特点。它可以针对任何知识和技能的传授来开展，如可用于描述现象、讲解结构、说明原理、解释原因，也可用于引导思维、剖析疑难、概括方法、总结规律，等等。那到底什么是讲解技能呢？讲解技能是指教师运用语言辅以各种教学媒体，引导学生理解教学内容并进行分析、综合、抽象、概括，进而达到向学生传授知识和方法、启发思维、表达思想感情的一类教学行为。

1.讲解技能的类型

讲解技能的类型一般可分为解释式、描述式、原理中心式和问题中心式四种。

（1）解释式讲解

解释式讲解属于讲解的初级类型，一般适用于具体的、事实的、陈述性知识的教学。如各课程中涉及的概念的定义、意思的解释、题目的分析、解答问题的一般步骤等。

（2）描述式讲解

描述式讲解也属于讲解的初级类型，包括叙述和描述，一般适用于内容陈述、细节描述、形象分析、材料显示等的教学。

（3）原理中心式讲解

原理中心式讲解是高级讲解类型之一，是以概念、规律、原理、理论为中心内容的讲解。在具体实施时经常使用叙述加议论的表达方式进行，在讲解中交替应用分析、比较、归纳、演绎、抽象、概括、综合等逻辑思维方法，强调论证和推理过程（也是最关键环节）。这种讲解方式普遍应用于各门学科的基础知识中。

（4）问题中心式讲解

问题中心式讲解也属于高级类型的讲解，它是以解答问题为中心的讲解，这种讲解方式对于新理念提出的学生主体、教师主导更有意义。问题的提出，可以引导学生向某一指定方向学习实现教师主导；提出的问题会激发学生学习兴趣，让学生主动思考，实现学生学习的主体地位。这种讲解方式实施时比较复杂，涉及引出问题—明确要求—选择方法—解决问题—得出结果等多个环节，因此主要适用于重点、难点和认知策略的教学。

2.讲解技能的要素

讲解是一项综合技能，以使用语言为主，还包含和渗透着提问、演示、导入、组织等多项技能，就其本质而言，无论何种类型的讲解，都有以下六项基本的构成要素。

（1）形成讲解框架

教师讲解是要将教材的知识结构按照学生的认知规律清晰地展现出来，给学生留下深刻的印象。为了达到这个目的，讲解过程、结构就要合理，条理清楚、逻辑严密、结构完整、层次分明。比如在以问题为中心的讲解时，可提出系列化的关键问题使条理清晰。对讲解内容的不同部分要注意转换，即讲解时要讲清各部分内容之间的联系，有利于不同内容之间转换的衔接；而在讲解时要紧密结合学生认知水平进行分析和综合，这些对明确讲解的结构框架都有重要作用。当然在整个讲解过程中，讲解框架可以简单地通过结构化板书来直观呈现。

（2）突出重点

突出重点是讲好课的关键。指教师在讲课时，要处理好重点和一般的关系，将学生的注意力放在重要和基本的信息上，集中时间和精力于重点问题的解决，对重点内容尤其要让学生理解和掌握。

（3）突破难点

教学难点是指学生不易理解与掌握的知识和技能。这可能是由于内容抽象、学生缺乏基础、问题复杂等导致的。难点问题不解决，将给学生以后的学习带来困难。因此，教师在教学时，除了突出重点之外，还要根据难点产生的原因，想办法解决学生学习的难点，如采用直观教学手段、系列化问题解析等方式予以解决。

（4）语言表达

教师的讲解主要是以语言为工具进行的，讲解技能更是体现了这一点。因此讲解时恰当的语速、清晰的语音、抑扬顿挫的语调，以及形象生动的描述和准确规范的语言等对讲解的成功都非常重要。这是因为好的语言表达不仅可以准确形象地说明要讲授的知识，还能使学生不易产生听觉疲劳，从而取得良好的教学效果。

（5）使用例证

例证是学生进行学习迁移的重要手段。例证能将事实或学生的经验与新知识、新概念联系起来。当然这需要考虑例证的充分、具体和贴切性。例证有正反之说，在举了正面的例子以后，有时再使用一个相反的例子，可进一步和更全面地让学生理解要说明的问题。

（6）反馈与调整

教学的本质是通过师生的相互作用使学生得到发展。因此教师在讲解时还须注意学生的反应。如学生听课的表情状态、回答问题的情况、学生的动作等，教师根据这些状况随时调节自己的教学行为，从而达到较好的教学效果。

## （五）提问技能

教学过程中提出问题、用问题激发学生的求知欲望和学习兴趣，从而在问题解决过程中促进学生的思维发展。

1.问题设计

设计一个好的问题，需要做到以下三点：①研究教材，明确目标；②理解原则，掌握标准；③优化思路，编好程序。

2.提问的技巧

①正确处理反馈信息。

②学会启发和诱导。

③掌握提问的技巧。

## （六）反馈和强化技能

反馈强化是指课堂教学中教师通过反馈的信息以自己特有的应变力来处理出现的各种问题，运用各种教学方法来强化课堂教学内容。

1.反馈和强化技能的内涵

反馈技能是指在课堂教学中，教师传出教学信息后，有意识地从学生那里取得对有关信息的反应，并据此调整教学活动的行为方式。

强化技能是指增强对知识的反应程度，帮助学生把某一行为的变化朝着更好的方向发展的行为方式。

2.信息反馈技能的特点

（1）双向性

既包含有教师对学生的信息传递，也包含有学生对教师所授知识的反馈。两个过程相互交融、相互影响，同时发生、反向进行。

（2）及时性

多数情况下教学过程中的双向信息反馈需要快速及时地进行，这样做教师可以及时依据反馈的信息调控课程难度和进度，学生可以及时调整学习思维和方法。

（3）全面性

教学过程中涉及的各个环节、各个要素、各个阶段，每个同学对之的信息反馈会源源不断地涌现出来，只有通过敏锐观察、全面把握，才可以顺利进行授课。

3.信息反馈的两种主要方式

（1）直接反馈

直接反馈是指教师从学生方面及时得到的反馈信息。如观察学生记录笔记的神态，还有回答教师提问、自我阅读和讨论发言的表现等。这种反馈信息的方式是最基本、最常见也是最为可靠的。

（2）间接反馈

间接反馈可以是教师在教学中的自我反馈，也可以是从领导的检查、同事的评课及学生的课间闲聊中获得。

### （七）结束技能

精彩成功的课堂教学结束是教学科学性的体现。成功的课堂教学结束，不仅可以对教学内容或教学活动起到系统概括、画龙点睛和提炼升华的作用，而且能拓宽、延伸教学内容，激发学生旺盛的求知欲望和浓厚的学习兴趣，对直接提高课堂教学效率、影响日后的学习效率起到重要的作用。

#### 1.结束技能的内涵

结束技能是教师完成一项教学任务时，通过重复强调、概括、总结、实践活动等，对所教的知识或技能进行及时的系统化巩固和应用，使新知识稳固地纳入学生的认知结构中去的一种重要的教学行为。

结束技能常用于一节课的结尾。但是，课堂教学中任何相对独立的教学阶段都需要应用它，小到讲授某个概念、某个新问题的完结，大到一个单元或项教学任务的终了。

#### 2.结束技能的常见形式及运用

##### （1）自然结尾法

正所谓"瓜熟蒂落、水到渠成"，教师所讲一堂课的最后一个问题的最后一句话说完，下课的铃声正好响起，这便是自然式结课。这种结课方式要求教师精于设计课堂教学的内容和结构，准确把握课堂教学的进程和时间，才能有效地达到预期的结果。

##### （2）悬念留疑法

以悬念留疑法结课，即结课时留下疑问，诱发学生的求知欲，造成"欲知后事如何，且听下回分解"的悬念效应。好的悬念设置能诱发学生的求知兴趣，能激发学生思维想象的浪花，能使学生产生急于知道下文的迫切心理。为此，教师要认真研究、仔细分析，设计好富有启发性的问题，制造悬念，激发学生的求知欲望。

##### （3）知识延伸法

一堂有品位的好课，不只是学生学习的结束，而是把结束作为一种新的开始，即把结课作为引导学生联系课堂内外的桥梁，让他们把学到的知识能力在课外得到延伸、扩张、充实，真正培养学生的运用能力。

（4）归纳法

归纳法是教学中常用的结课方法，是在课堂将要结束时，教师、学生或师生共同用准确简洁的语言，提纲挈领地把整个课的重点内容、难点、知识结构、基本原理、基本技能等进行梳理和概括，从而结束课堂教学的一种方式。运用归纳式结课，可以给学生以系统、完整的印象，促使学生加深对所学知识的理解和记忆，培养其综合概括能力。语言应当简洁、概括、严谨，有启发性、创新性。

为了帮助学生理清所学知识的层次结构，掌握其外在形式和内在联系，形成知识系列及一定的结构框架，在课堂结尾时利用简洁准确的语言、文字表格或图示将一堂课或包括前几堂课所学的主要内容、知识结构进行总结归纳。这种小结繁简得当、目的明确，且有一定实际意义，这绝不是依教学的时间顺序简单地读一遍板书各的级标题就能完成的，它应能准确地抓住每一个知识点外在的实质和内在的完整，从而有助于学生掌握知识的重点和知识的系统性。这种方式的结尾一般用于新知识密度大的课型或某一单元教学的最后一次授课。

# 第四节　模拟教学技能和体育教学执教技能

## 一、模拟教学技能

模拟教学是一种虚拟实践的现代教学方式。模拟是指照着某种现成的样子学着做，即通过对事件或事物发展与发展环境、过程的模拟或虚拟再现，让学生身临其境，在所设情境中发现问题、解决问题，理解教学内容，进而在短时间内提高能力的教学方式。

### （一）模拟教学的作用

在体育教学中，应用模拟教学能够直观地展示教学内容，便于学生理解，还能发挥学生的主体性作用，提高学习兴趣，收到事半功倍的效果，对提高教学质量具有十分重要的意义。

1.有利于提高学生的形象思维能力

模拟教学所选择的环境、过程，比较接近事件或事物发生与发展的真实情境，有利于提高学生的形象思维能力。

2.有利于学生加深对特定角色的体会

模拟教学为学生提供一个特定的情节，并使学生与模拟情境高度融合。学生在模拟中通过对特定情节或细节的演绎，加深对某些角色地位、作用、处境、工作要领等的体会。模拟教学中的情节或细节应该是有特点、能超越情节或细节的局限性，且能表现出事物整体性的情节或细节。

3.有利于增强学生对实际问题的预测与处理能力

模拟教学通过模拟事件发生、发展的每个环节，不仅可以引导学生模拟事件或事物的发展演变规律，而且可以帮助学生发现潜能、找出不足，从而增强对实际问题的预测与处理能力。

### （二）模拟教学的特点

1.直观性

模拟教学形象直观，环境与过程逼真，可有效解决某些理论原理难以形象化讲授、某些课题知识点难以通过实践加以验证的问题，让学生身临其境，突出操作性、注重实效性，又兼顾理论性。模拟教学具有教师与学生高度投入、学生自身经验与模拟情境高度融合的特点。

2.科学性

由于环境与过程的相互作用，并且注重理论与实际的高度结合，结果明确且相对准确，因此模拟教学具有科学性。

3.参与性

为了获得较高的评价，学生一般都会积极参与、充分表现、施展才华；都会积极投入，探索并试图解决问题，进而培养沟通、表达、相互认知等社交能力；使参与者获得实际工作经验，认清自身不足，也利于培养学生的集体荣誉感和团队精神。

## 二、收集和处理信息的技能

### （一）收集信息的技能

教学研究资料主要分为档案资料和实地调查资料两类。档案资料为二手资料，实地考察得来的资料一般为一手资料。

　　档案资料的搜集主要可以通过图书馆和互联网进行查找。各高校和地市图书馆均收集有大量的图书和期刊资料。

　　1.图书馆收集

　　图书资料一般检索方式以分类目录、著者目录和书名目录进行。各图书馆一般按照此顺序排列。著者目录是按文献著者姓名汉语拼音音序或文献著者姓名汉字笔画顺序编排而成的目录；书名目录是按书名汉语拼音音序或书名笔画依次编排而成的目录，在查找的过程中掌握规律才能快速而准确地查找到所需资料。期刊资料与著作相比，由于其时效性较强，是写作教学研究论文资料的必备部分，一般图书馆将现刊摆放在书架之上，过刊则按照年份进行装订整理和保存，查找此方面资料可按照时间顺序进行收集。

　　2.互联网收集

　　由于互联网的快速发展，通过互联网进行资料的收集与整理已经成为现代人更为熟悉和更为便捷的一种资料查找方式，在网络中可以快速、集中地找到所需要的图书和期刊资料，其中查找著作的网站例如超星数字图书馆，查找期刊资料的网站如中国知网，其他网站还包括中国大百科、联合参考咨询网、233网校论文中心等。以中国知网为例，找相关期刊资料一方面可以通过关键词、篇名、作者等在检索项中进行模糊检索，也可以在资料中找资料，通过相似文献和文章的参考文献快速地找到相关资料。

　　3.实地调查收集

　　实地调查资料指实地调查过程中收集到的文献和资料、访谈资料及调查统计资料。实地调查资料收集首先要树立科学客观的考察态度，采取实事求是的方法，确定实地考察的范围，考察对象的现有资料、研究状况、研究现状等信息。在进行考察之前要制定考察路线与时间及各项内容的采访步骤和提纲，并做好充分的物质准备，如录音设备、摄像设备、手提电脑、生活用品等。

### （二）处理信息的技能

　　信息的处理主要包括对收集到的资料进行分析与整理，其所要遵循的原则与主要方法如下：

　　1.整理资料的原则

　　在整理资料时应当力求真实、准确、完整、统一和简明，并尽可能做到新颖。

只有在此种资料的基础上，才能做出科学的分析结果。具体原则如下。

①真实性原则。整理的资料必须是确实发生过的客观事实，不弄虚作假，更不主观杜撰，否则会得出错误结论。

②准确性原则。整理后的资料，事实要准确，特别是数据要准确。

③完整性原则。在整理资料时，应尽可能保证资料的完整性。

④简明性原则。整理的资料要尽可能简单、明确，并使它系统化、条理化，以集中的方式反映研究对象总体的情况。

⑤新颖性原则。在整理资料时，要尽可能从新的角度来审视资料、组合资料，尽可能地打破旧有的观念，要有创新意识。

2.资料分析与统计方法

大量的资料收集完成以后，研究者需要对资料进行分析整理与统计。对资料的可靠性、价值大小等方面进行分门别类、筛选和整理。

（1）阅读资料

对资料的阅读需要有粗有细。

①先为文章进行编序。

②对文章进行略读，体现在文字资料的筛选中，应根据篇名、摘要或内容的浏览确定取舍。

③对所选择的文章进行精读，并在重要的地方做标记，可在文章的空白处记录东西。

④文章全部读完以后再次根据写作的需要按照重要程度为文章排序。

（2）归类整理

应按论述者不同的角度做分类整理，包括史、论、背景资料，这个过程也是对所研究问题的整体研究状况做了解的过程。

最后，对重要的相关资料进行重点研读。体现在阅读过程中，对于重点资料应反复研读并标记。可就这些重点文章做一个简短的概述和评论。记录重点文章和段落，如期刊文章应标记作者、文章名、刊名、出版时间、页码等信息。

3.在整理和分析统计资料过程中应该注意的问题

①资料的完整性。应注意资料的完整性，尽可能做到穷尽所有的资料，通过各种途径尽可能地找到相关的所有资料。

②对重要论点及史实的标注。与论文写作息息相关的重要内容的标注和记录

一定要清楚。

③同一问题不同观点的整理。注意论文资料中就同一问题不同学者的看法的整理归纳。

## 三、体育教学执教技能

从实践来看，目前绝大多数体育教学团队，基本是为完成共同的教学目标和课程建设任务而组成的教师群体，多为典型的自我管理型团队，其满足团队的基本特征，但又或多或少地存在一些问题。

### （一）体育教学团队执教中存在的问题

1.团队成员执教能力存在差异

团队教学中，一般会出现各个成员教学水平参差不齐的状况。这会大大影响教学方案的实施和执行，最终影响教学的整体效果。如果只是通过教学观摩、教学示范等短暂、局部的学习，并不能从根本上解决问题。因此，如何有效提升整体团队的执教能力，提高课程教学的整体水平，是要解决的主要问题。

2.团队建设成员参与度较低

体育教师的劳动具有很强的独立性和分散性，备课、上课、辅导、批改作业、编写教材等都可以独立完成，对他人的依赖程度低。这就阻碍了教师参与教学团队的积极性，削弱了教学团队的凝聚力。

3.增强团队凝聚力的手段匮乏

目前的教学团队基本以同一课程（群）为维系载体，团队凝聚主要依赖物质利益，缺乏较强的向心力和持续的凝聚力，导致协同教学难以实施。

上述问题归根到底都是"人"的问题。根据"木桶效应"理论，任何一个组织或许都有一个共同的特点，即构成组织的各个部分往往是优劣不齐的，但劣势部分却往往决定着整个组织的水平。

### （二）提升团队执教能力的方法

1.知己知彼，完美融合

团队教学负责人在整个团队教学中应该起统领全局、协调发展的引领作用。

首先要了解团队成员的特点、优点、缺点，因人而异、取长补短；其次要了解课程授课对象的特点；最后才能游刃有余地安排教学活动，物尽其用、人尽其才，实现有序排列。由于班级众多、生源质量不均，在安排教师授课之前，有必要了解将要面对的学生是谁，他们的特点是什么，甚至班级的特色是什么。这是因为不同学生在学习体育课程的时候，对教师、教学方法、教学理念的需求一定是不同的。同时，还要根据每位教师的授课特点安排合适的班级进行教学，取长补短，尽量发挥每一位教师的优势，弥补自身的不足。

2.分工协作，充分发挥协同效应

协同效应，简单地说，就是"1＋1＞2"的效应。如果将一个教学团队看作一个公司，那么对它的管理同样适合协同效应。团队教学的主要要素可以归结为人员、知识、能力、资源、关系及目标。如何让这些要素有序排列并加以约束，使其发挥最大效能，是对一个团队负责人的考验。教学团队负责人要根据教学任务和目标，制订教学计划，明确团队成员分工，在此基础上每个人都对自己的任务负责，不断提出可操作性强的新思维、新理念、新方法，并有计划地落实。具体而言，一是根据课程改革任务及成员的具体情况制定适合团队的发展目标，并依据内外部软硬件环境的变化，对团队目标进行及时的调整、扩充与更新。二是分解目标，落实任务。团队负责人需要根据自己丰富的教学与改革经验，制定出具有可操作性的课程建设与教学改革的具体方法，并明确每个成员的责任，从而有效分解团队目标。三是充分了解团队成员的特点，充分调动团队成员的积极性，始终保持团队的活力与吸引力。

3.形成常态、开放的集体备课制度

分工协作可以发挥每一位团队成员的作用，而集体备课就是不断总结经验、分享经验的过程。如果备课过程是一个开放的过程，团队成员就可以不断吸收不同任务、不同教学特点的教师的经验，获得全方位发展。在探讨网络学堂应用问题的时候，就是通过所有教研室的教师参与讨论的形式，建立一个开放、发展、进步的平台，彼此分享成功与喜悦，从而不断完善课程建设、学科建设及教学团队建设。

# 第七章　球类运动教学实践

## 第一节　足球与篮球

### 一、足球技术教学指导

#### （一）踢球技术教学指导

1.脚背正面踢球

（1）脚背正面踢定位球

直线助跑，最后一步稍大些，支撑脚积极着地支撑，在球的侧面10～12厘米处，脚尖正对出球方向，膝关节微屈，踢球腿随跑动向后摆动，小腿屈曲，支撑的同时踢球腿以髋关节为轴，大腿带动小腿由后向前摆动。当膝关节摆至接近球的正上方时，小腿做爆发式的摆动，脚趾屈，以脚背正面部位击球的后中部。击球后身体及踢球腿随球前移。

（2）脚背正面踢侧面半高球

根据来球速度及运行轨迹，选好击球点，身体侧对出球方向，身体向支撑脚一侧倾斜展腹，踢球腿抬起，大腿伸、小腿屈，大腿带动小腿由后向前急速摆动，用脚背正面击球的中部，同时身体向出球方向扭转，击球后踢球脚随球前摆着地以维持身体平衡。

（3）脚背正面踢反弹球

根据来球的速度、运行轨迹、落点，支撑脚踏在球落点的侧面。在球落地时，踢球腿爆发式前摆，在球刚弹离地面时，用脚背正面击球的中部，并控制小腿的上摆（送髋、膝关节向前平移），出球则不会过高。

2.脚内侧踢球

（1）脚内侧踢定位球

直线助跑，最后一步稍大些，支撑脚站在球的侧面约15厘米处，脚尖正对出球方向，支撑腿膝关节微屈。在支撑脚着地时，踢球腿大腿带动小腿由后向前摆动，在前摆的过程中大腿外展，当膝关节接近球的正上方时小腿做爆发式摆动，在触球前将脚跟送出使得脚内侧部位所形成的平面与出球方向垂直，踢球脚脚底与地面平行，脚尖微微翘起，踝关节功能性地紧张使脚型固定，触（击）球后身体跟随移动，保关节向前送。

（2）脚内侧踢空中球

以具体的来球速度和运动轨迹为依据，及时移动到位，踢球腿大腿抬起并外展，小腿微屈并绕额状轴后摆，充分发挥小腿绕额状轴的作用并由后向前摆动，摆到额状面和球接触时精准无误地击球的中部。

（3）脚内侧踢地滚球

脚内侧踢地滚球时要根据来球的速度、方向及摆腿的时间来确定支撑脚的选位，保证踢球腿能顺利地摆踢发力。

3.脚背内侧踢球

（1）脚背内侧踢定位球

斜线助跑，助跑方向与出球方向约成45°，最后一步稍大，支撑脚积极着地，脚尖指向出球方向，距球内侧后方20～25厘米，膝关节微屈。在支撑的同时，踢球腿已完成后摆，并开始以髋关节为轴，大腿带动小腿由后向前摆动，当大腿摆至与支撑腿接近同一平面时，小腿做爆发式摆动，此时脚尖外转、脚背绷直，以脚背内侧部位触击球。击球后踢球腿及身体继续随球向前。

（2）脚背内侧踢弧线球

踢弧线球时，脚背内侧部位击球的后中部，摆腿的方向不通过球心，沿弧线前摆，在击球的瞬间，踝关节用力向内转，使球侧旋沿弧线运行。

4.脚背外侧踢球

（1）脚背外侧踢定位球

助跑、支撑脚站位及踢球腿摆动均与脚背正面踢球技术的三个环节相同，脚触球是用脚背外侧部位。此时要求膝关节和脚尖内转，脚背绷紧，脚趾紧屈并提膝，触（击）球后身体随踢球腿的摆动前移。

（2）脚背外侧踢地滚球

可用于踢前方、侧前方及正侧方、侧后方来的地滚球。踢球的动作规格要求与踢定位球相同，但支撑脚站位时应考虑球的滚动速度，以保证在脚触球的瞬间支撑脚与球的相对位置符合规格要求。

（3）脚背外侧踢弧线球

用脚背外侧部位击球的后中部，摆腿方向不通过球心线，沿着弧线前摆，达到使球侧旋沿弧线运行的目的。

## （二）头顶球技术教学指导

1.前额正面头顶球

（1）原地前额正面头顶球

身体正对来球方向，眼睛注视运动中的球，两脚左右开立（或前后开立），膝关节微屈，重心置于两脚间的支撑面上（或后脚上），两臂自然张开。当球运行到将垂直于地面的垂线时，两腿用力蹬地，迅速向前摆体，微收下颌，在触球瞬间颈部做爆发式振摆，用前额正面击球中部，上体随球前摆。

（2）跑动前额正面头顶球

跑动前额正面头顶球和原地前额正面头顶球大体一样，不同之处是跑动前额正面头顶球的第一环节应正对来球跑出抢点。当把球顶出后，因为自身的跑动速度比较快，所以要想使身体处于平衡状态，务必随球朝前方移动。

2.前额侧面头顶球

（1）原地前额侧面头顶球

根据来球的运行速度、运行轨迹，及时移动到位。两脚前后开立（或左右开立），出球方向的异侧脚在前，重心逐渐过渡到前脚上，眼睛注视来球，前膝微屈，两臂侧前后自然张开，当球运行至体前上方时，用力蹬地，前脚掌适度旋转，上体向出球方向扭摆，同时用力向击球方向甩头，以前额侧面击球的后中部。

（2）跑动前额侧面头顶球

和原地前额侧面头顶球的动作要点一样，区别是跑动前额侧面头顶球要求在快速跑动中开始和结束，同时保证自身完成动作后身体处于平衡状态。

## （三）抢断球技术教学指导

### 1.正面跨步堵抢

抢球者两脚前后开立，两膝微屈，身体重心下降并置于两脚间，当运球者与抢球者之间的距离缩小到一定范围（抢球者上前跨一大步可能触及球），运球者脚触球后即将落地或刚刚落地时，抢球者后脚用力蹬地并跨步向前，以脚内侧去堵截球，当已堵住球时，另一只脚应迅速上步。若抢球脚堵住球，对手也堵住球时，则抢球者应将另一只脚迅速前移做支撑脚，抢球脚在不脱离球的情况下迅速向上提拉，使球从对手脚面滚过，身体重心也迅速跟上并将球控制好。

### 2.合理冲撞抢球

当防守者并肩与运球者跑动追球时，防守者重心稍下降，靠近对手一侧的手臂紧贴身体，在对方同侧脚离地时，用肘关节以上部位适当冲撞对手同样部位，使对手身体失去平衡，乘机将球控制住。

### 3.正面铲球

移动接近控球者，膝关节微屈，重心下降，当控球者触球脚触球后尚未落地时，抢球者双脚沿地面向球滑铲，随即用手扶地向一侧翻滚，并尽快起身。

## （四）守门员技术教学指导

### 1.选位

对方射门时，守门员一般应站在射门点与两门柱形成角的平分线上，当对方运球逼近或近射时，守门员应及时出击前迎，以便缩小射门角度或扑脚下球。当对方远射时，可适当靠前站，但要防备对方吊射。当球推进到中前场时，守门员可前移到点球点附近。在保证及时回位的基础上，最大限度地扩大活动范围。

### 2.接球

#### （1）接地滚球

有直腿式和单腿跪撑式两种方法。直腿式接球时，两腿直膝自然并立，上体前屈，两臂自然下垂并肘，两手小指靠近，掌心向前。在手指触球的刹那，随球后引并屈肘、屈腕，将球抱于胸前；单腿跪撑接球时，身体正对来球，两脚左右开立，一腿屈膝，另一腿内转跪撑，膝关节接近地面并靠近屈膝的脚跟，两手随球后撤并屈肘、屈腕将球抱于胸前。

（2）接平直球

平直球可分为低于胸部的平直球和齐胸高的平直球两种类型。接低于胸部的平直球时，首先移动使身体正对来球，两脚左右开立，上体稍前倾，两臂并肘前伸，两手小指相靠，手掌对球。当手触球的一刹那，两臂随球后撤并屈肘，顺势将球抱于胸前。接齐胸高的平直球时，先移动使身体正对来球，两脚左右开立，两臂屈肘手指向上，手指微屈，手掌对球，两拇指相靠。当手触球的刹那，手指、手腕适当用力，随球顺势屈臂后撤，转腕将球抱于胸前。

## 二、篮球技术教学指导

### （一）篮球运球技术教学指导

1.高运球

高运球时两腿微屈，上体稍前倾，眼平视，以肘关节为轴，前臂自然伸屈，用手腕、手指柔和而有力地按拍球的后上方。球的落点控制在运球手臂的同侧脚的外侧前方，将球的反弹高度控制于胸腹之间。

2.低运球

运球时，两腿应迅速弯曲，重心下降，上体前倾，球的落点在体侧，用上体和腿保护球，同时，用手腕和手指短促地按拍球的后上方，将球控制在膝关节的高度。

3.运球急停急起

在快速运球中突然急停时，采用两步急停，使身体重心降低，手按拍球的前上部，使球停止向前运行。运球急起时，两脚用力后蹬，上体急剧前倾，迅速起动，同时，按拍球的后上部，人、球同步快速前进。

### （二）篮球传球技术教学指导

1.双手胸前传球

两腿前后分开微屈，上体稍向前倾，重心在两脚之间。双手握球的两侧偏后，五指自然张开，手心不要接触球，两拇指成"八"字形，两肘弯曲并靠近身体持球于胸前。传球时用手指和手腕向前翻转和抖动的力量将球传出。出球时最好通过指端向后旋转使球平直地飞行。

2.双手头上传球

双手从球的两侧面持球（手指尖朝上），置于头顶，肘部微屈，向传球方向跨一步的同时手腕向后转，球移至脑后，将球向前抛出，手腕向下转发力。

3.单手肩上传球

双手持球于胸前，两脚平行开立。传球时，左脚向传球方向迈出半步，同时将球引到右肩上方，肘部外展，上臂与地面近似平行，手腕后仰，右手托球，左肩对着传球方向，身体重心落在右脚上，右脚蹬地，转体，前臂迅速向前挥摆，手腕前屈，通过食指、中指拨球将球传出。当球出手之后，在身体重心朝前方移动的同时，右脚应当朝前方迈出且保持基本站立姿势。

### （三）接球技术教学指导

1.双手接球

双手接球不但是一种最基本的接球方法，而且是篮球比赛中运用最多的动作，其最显著的优势是握球牢稳、易于转换其他动作。双手接球时，两眼注视来球，两臂伸出迎球，手指自然分开，两拇指成"八"字形，手指向前上方，两手成一个半圆形。当手指触球后，两臂随球后引缓冲来球的力量，两手握球于胸腹之间。保持身体的平衡，做好传球、投篮或突破的准备。当来球高度出现变化时，要适当调整两臂伸出迎球的高度。

2.单手接球

虽然单手接球控制范围大，可以接住来自各个方向的球，但是没有双手接球牢稳，所以通常建议采取双手接球。如用右手接球，则右脚向来球方向迈出，两眼注视来球。接球时，手掌成勺形，手指自然分开，右臂向来球的方向伸去。当手指接触球时，手臂顺势将球向后下引，左手立即握球，双手将球握于胸腹之间，保持基本持球姿势。

### （四）投篮技术教学指导

1.单手投篮

单手投篮时，投篮手五指自然分开，手心空出，手腕后仰，大、小拇指间的夹角约80°，以扩大对球的支撑面，用指根及其以上部位托球的后下方，球体的重力作用线近乎落在食指和中指的指根部位，肘关节自然下垂，另一手扶球的侧上部，置球于同侧头或肩的前上方。

（1）原地单手肩上投篮

两脚开立，两膝微屈，身体重心在两脚之间，上体稍前倾，右手翻腕托球于右肩前上方，手指自然张开成球状，手心不要贴球，球的重心要落在中指和食指之间，左手帮助扶在球的侧下部，右肘自然下垂，腕关节放松；下肢蹬地的同时，右臂向前上方伸展，手腕向前扣动，手指拨球，将球柔和地送出；球出手后，手腕放松，手指自然向下。

（2）原地跳投

原地跳投技术是在原地立定投篮的基础上发展起来的跳起投篮技术，最显著的优点是出手点高、能弥补身高不足。双手持球于胸腹之间，两脚左右（或前后）开立，两膝微屈，身体重心落在两脚之间，上体放松，眼睛注视篮圈。起跳时两膝适当弯曲（两脚前后开立时也可上一步再做此动作），接着脚掌蹬地发力，提腹伸腰，迅速向上摆臂举球并起跳，双手举球于肩上或头上，左手扶球左侧。当身体升至最高点或接近最高点时，左手离球，右臂向前上方伸直，同时用突发性力量屈腕、压指，使球通过指端投出。球离手后身体自然落地，屈膝缓冲，准备冲抢篮板球或回防。

（3）行进间单手肩上投篮

跑动接球时，跨右脚然后接着跨出第二步，这一步稍小并用力起跳，右腿屈膝抬高，在左脚蹬地起跳的同时，双手迅速将球举至右上方，右手五指自然分开，掌心空出，手腕后屈托球，左手扶球做保护，肘下垂；眼睛注视球篮，接着右手托球向上伸展，手指柔和地拨动，手腕下压，将球投出且命中。

2.双手胸前投篮

双手持球于胸前，双肘自然下垂，两脚自然开立，两膝微屈，重心落在两脚之间。两手手指自然分开，拇指相对成"八"字形，用指根以上部位握球的两侧后下方，手心空出，两臂自然屈肘，肘关节下垂，置球于胸与下巴之间。投篮时，下肢蹬地发力，两臂向前上方伸展，前臂内旋，拇指下压，手腕前屈，食指、中指将球投出。

（五）持球突破技术教学指导

1.交叉步突破

以左脚作为中枢脚为例。两脚左右开立，两膝微屈，身体重心降低，持球于胸腹之间；突破时，右脚向右前方跨出，假装向右侧突破，当对手重心向右偏移时，左脚前脚掌内侧迅速蹬地，上体向左转体探肩，右肩向前下压，重心向左前方移动，右脚迅速向左侧前方跨出，同时将球移于左侧，推放球于右脚外侧，左脚用力蹬地向前跨出，迅速超越对手。

2.顺步突破

顺步突破又叫"同侧步突破"，具体特征是突破方向和跨步方向一样，起跨往往是出其不意地加快速度。在运用顺步突破技术时，对中枢脚移动和防球、加速运球之间协调配合的要求较高，配合不好易造成走步违规。以左脚作为中枢脚为例。准备姿势和突破前的动作要求与交叉步突破相同。突破时，假装投篮，当对手重心前移时，右脚迅速向前方跨出一步，上体向右脚外侧偏前方倾斜，左脚前脚掌迅速蹬地，向前方跨出运球突破防守。

# 第二节 排球与网球

## 一、排球技术教学指导

### （一）排球发球技术教学指导

发球是进攻的开始，不仅能直接得分，还能对对方一攻的战术组成产生破坏作用，也能产生先发制人的效果，所以说发球要达到攻击性要求和准确性要求。

1.正面下手发球

这种发球动作简单，适用于初学者，但球速慢，攻击性不强。面对球网，两脚前后开立，左脚在前，右脚在后，两膝弯曲，上体前倾，左手持球于腹前。左手将球垂直上抛在右肩的前下方，离手约20厘米高度即可。在抛球的同时，右臂伸直后摆，身体重心也适当后移。以肩为轴，手臂由后经下方向前摆动，身体重心也随之前移，在右肩的前下方腹前高度用全手掌击球的后下方。击球后，随着身体重心前移之势迅速跨步入场。

2.正面上手发球

正面上手发球的优点是便于观察对方、发球准确性高、控制落点的难度小、能有效利用转体动作和收腹动作带动手臂加速挥动，从而为运用手腕推压动作提供便利，有效增加击球力量与击球速度。面对球网，两脚自然开立，左脚在前，左手持球于体前。手臂抬起将球平托上送，将球平稳地垂直抛于右肩的前上方，高度适中。在左手抛球的同时，右臂抬起，屈肘后引，肘与肩平，上体稍向右侧转动。击球时，利用蹬地，使上体向右转动，同时收腹，带动手臂挥动。在左肩上方伸直手臂，用全掌击球的中下部。击球时，手指自然张开与球吻合，手腕要迅速主动地做推压动作，使击出的球呈上旋飞行。击球后，随着重心前移，迅速进场。

3.侧面下手发球

侧面下手发球动作较简单，击球时主要靠腰腹转动带来的力量带动手臂挥动击球，比较省力，稳定性较大，所以容易掌握，但攻击性较小。两只脚要左右开立并与肩同宽。膝关节稍弯曲，上体略前倾，左肩侧对球网，左手持球将球放在腹前位置。发球时用左手将球抛起，距腹前约一臂远，平30厘米左右。在抛球的同时，右臂伸直后摆至身体右侧后下方。击球时，右脚蹬地，身体左转带动右臂向体前上方摆动，用全手掌或掌根在腹前击球的后下方。击球后，迅速进入场地准备比赛。

### （二）垫球技术教学指导

垫球技术是指用单手或双手手臂或手的坚硬部位，由球的下方向上击球的技术动作。垫球技术的常见用途是接发球，接扣、吊球及接拦回球，有效组织进攻。

1.正面双手垫球

正面双手垫球是双手在腹前垫击来球的一种垫球方法，是各种垫球技术的基础，也是最基本的垫球方法。正面双手垫球的基本手型有抱拳式、叠掌式和互靠式。正面双手垫球按来球力量大小可以分为垫轻球、垫中等力量球和垫重球，这里以垫轻球为例展开阐析。

就垫轻球来说，以半蹲或稍蹲姿势站立，面对来球，双手成垫球手型。当球飞到腹前约一臂距离时，两臂夹紧前伸，插入球下，同时配合蹬地、跟腰、提肩、顶肘、压腕、抬臂等全身协调动作迎向来球，身体重心随着击球动作向前上方移动。击球点保持在腹前高度。用手腕关节以上10厘米左右的两小臂横骨内侧所构成的平面击球的后下部。在击球瞬间，两臂要保持稳定，身体重心继续协调地向抬臂方向伴送球。完成垫击动作后，一定要马上松开双臂，为完成下个动作做好充足准备。

2.侧面双手垫球

侧面双手垫球就是两臂在身体两侧垫球的技术动作，这种技术动作主要用于来球速度较快、离体侧较远、来不及移动的时候。当球飞向左侧时，左脚向左跨出一步，这时右脚前脚掌内侧蹬地，左膝弯曲，身体重心放在左脚上，两手臂夹紧向左伸出，右肩微向下倾斜，同时腰右转、左肩上提。两臂垫击球的后下部将球的飞行路线截住，侧垫时，两手臂要先伸向来球方向截住球，不要随球伸臂，否则球接触手臂后会向侧方飞出。还需要补充的是，严禁两手臂出现弯曲的情况，原因在于如此会对垫球效果产生不利影响。

3.背垫球

背向着垫球方向，从体前向背后将球垫起的垫球动作称为背垫球。背垫球时，首先应判断好球的飞行方向，迅速移动到球的落点处，背对着出球方向，两臂夹紧伸直，插入球下。同时配合蹬地、抬头挺胸、展腹后仰等动作，利用直臂向后上方摆动抬臂将球垫起。当来球较低时，应屈肘、翘腕，用虎口处将球向后上方垫起。

### （三）排球传球技术教学指导

传球是用双手（或单手）在额前上方，利用蹬腿、伸臂协同一致的动作及手指手腕的弹力完成的击球技术动作。

1.正面传球

（1）手型

手触球时十指应自然张开使两手成半球状，手腕稍后仰，以拇指内侧、食指全部和中指的第二、第三指节触球的后下部，无名指和小指在球两侧辅助控制球的方向。两拇指相对近"一"字形。

（2）动作方法

准备姿势采用稍蹲姿势，上体稍挺起，仰头看球，两手自然抬起，屈肘，放松置于额前。当来球接近额前时，开始蹬地、伸膝、伸臂，手指微张从脸前向前上方迎出。全身各部位动作应协调一致。击球点在额头前上方约一球距离处。在迎球动作的基础上，当手和球即将接触前，手腕和手指要有前屈迎球的动作，当手和球接触时，各关节应继续伸展，最后用手指手腕的弹力将球击出。

2.侧向传球

身体侧对传球目标，在不转动身体的情况下，双臂向侧方传球的动作称为侧向传球。侧传的准备姿势、手型及迎球动作同正面传球，但击球点应偏向传出方向一侧。迎球时，通过下肢蹬地使身体重心向上伸展，上体和双臂向传球方向一侧伸展。一般来说，建议适当增加异侧手臂动作的幅度，同时适当加快伸展的速度，借助双臂和上体侧屈的协调动作传出球。

3.背向传球

背向传球时身体背对着传球的目标，上体保持正直或稍微后仰，击球点应略高于正面双手传球。当球飞来时，头稍后仰并挺胸，上体向后上方伸展的同时配合下肢蹬地。击球时，手腕适当后仰，使掌心向后上方，击球的底部，利用蹬地、送髋、抬臂、送肘、手指和手腕主动向上方的力量将球向后上方传出。

### （四）扣球技术教学指导

扣球是指队员跳起在本方把球从过网区击入对方场区的一种击球动作，这不但是攻击性最强的基本技术，而且是完成战术配合的最后一个技术动作。扣球技术的发挥情况能对比赛输赢产生决定性影响，这项技术要求运用者具备良好的弹跳能力和腰腹力量，同时也要具备快速挥臂鞭打和手控制球的能力。

1.正面扣球

（1）助跑起跳

两脚开立，膝关节微屈，上体稍前倾，两臂自然下垂，站在离网3米左右的位置，观察二传来球，随时准备向各个方向助跑起跳。助跑时首先左脚要向前迈出一步，接着右脚跟着迅速跨出一大步，同时左脚及时并上，落在右脚侧前方，两脚尖稍内收准备起跳。注意助跑的第一步要小，这样可以使上步的方向对正，也使身体获得向前的水平速度；第二步要大，这样可以更快接近球和提高助跑的速度；为了利于制动，要使右脚落地支撑点在身体重心之前。助跑跨出最后一步的同时，两手臂经体侧向后引，两臂自后积极向前摆动的同时，左脚要落地制动，双腿蹬地向上起跳时，两手臂要配合起跳用力上摆。

（2）正面击球

起跳后，挺胸、展腹，上体稍向右转，右臂向后上方引臂，使身体成反弓形。挥臂时转体要迅速、快速收腹，集中力量带动肩、肘、腕各关节成鞭甩动作向前上方挥动击球。击球时击球点要保持在起跳和手臂伸直最高点的前上方，五指自然张成勺形，并保持紧张，以掌心为击球中心，全手掌包满球击球的后中部，同时屈腕屈指主动用力向前推压，使扣出的球加速上旋。空中完成击球动作后，身体自然下落，为了减轻腿部负担，双脚前脚掌先着地，同时顺势屈膝，以缓冲身体下落的力量。

2.勾手扣球

起跳后，左肩对网，通过转体动作，带动右臂向左上方挥动击球的扣球方法就是勾手扣球。助跑的最后一步，两脚与中线平行，完成起跳动作后要使左肩对网或跳起在空中时就使左肩转向球网。跳起后，上体稍后仰或稍向右转，右肩下沉，当左臂挥至脸前后迅速引至体侧，手臂伸直，掌心向上，手指微张成勺形，同时，挺胸展腹。击球时，利用向左转体及收腹的力量使手臂伸直，手臂由下经体侧向上画弧挥动，用全手掌在头的前上方最高点处击球的后中部。整个动作与勾手大力发球相似。

（五）拦网技术教学指导

拦网技术是指队员在网前以身体任何部分阻挡对方击球过网的技术动作，掌握这项技术有助于提高拦网技术水平，同时对夺取比赛胜利有重要影响。

1.单人拦网

两脚平行站立，大约与肩同宽，身体正对球网，距离球网30～40厘米，膝关节微屈，两手臂自然弯曲放在胸前，以便随时准备起跳或移动。比赛中拦网队员需要及时移动，以便对准对方进攻点。常用并步、滑步、交叉步、跑步移动。拦网起跳时，降低重心，膝关节弯曲，弯曲程度可以因人而异，两脚用力蹬地，用两臂在体侧画小弧用力上摆的力量来带动身体向上垂直起跳，起跳后利用收腹的力量来控制身体平衡。要掌握好拦网起跳的时间，可以通过对方二传球的高低、远近、快慢及扣球队员的起跳时间和动作特点来决定。拦高球时，一般在扣球队员跳起之后起跳；拦快球时，可以和扣球队员同时起跳或提前起跳。起跳的同时，两手臂要与球网平行，努力向网上沿的前上方伸出，两手臂伸直，前臂要与网接近，两手伸向对方上空接近球，两手自然张开，屈指屈腕呈勺形。为了防止球从两手间漏过，两手之间距离不能超过一个球。当手触球时，两手要突然紧张，要用手腕的力量用力下压盖住球的上方。靠近边线的拦网队员为了防止对方打手出界，拦网时外侧手掌心要内转。拦远网扣球时，手臂要尽量向上伸直，手腕不能下压，以提高拦击点。如果球已经被拦回，则要面向对方，屈膝缓冲，双脚落地。倘若未能成功拦到球，身体下落时应当朝着球飞出的方向转身准备救球。

2.双人拦网

双人拦网时应以一人为主拦队员，另一人为配合队员。但主拦队员不是固定的，一般情况下距对方扣球点近的队员应为主拦队员。主拦队员必须抢先移动到正对扣球点的位置，做好起跳准备，配合队员则迅速移动靠近主拦队员准备同时起跳。两队员之间的距离一定要合适。距离太远，跳起后将出现"空门"；距离太近，起跳时互相干扰，致使双方都跳不高。双人起跳拦网时，两人的手臂应该在体前画小弧向上摆伸，都要尽量垂直向上起跳，要防止互相碰撞或干扰。手臂在空中既不能重叠，以免造成拦击面缩小；又不能间隔太宽，以免造成中间漏球。扣球靠近边线时，靠边线近的拦网队员外侧的手应适当内转，以防打手出界。

## 二、网球技术教学指导

### （一）网球发球技术教学指导

网球运动的发球技术主要由握拍、准备姿势、抛球、后摆拉拍、等构成。

1.网球握拍

采用大陆式或东方式反手握拍法，初学者也可以先从东方正手握拍或半反手握拍开始。

2.网球发球准备姿势

以右手持拍为例，在左区发球时左肩对着左边网柱，侧身站立，两脚分开约同肩宽，左脚指向右网柱，右脚约与端线平行，重心在左脚上，身体自然前倾。左手拇指、食指及中指三指持球，无名指和小指自然屈于球的后部，右手握拍，拍头指向前方。在右区发球时，左脚与端线平行，右脚指向右网柱。

3.抛球

①抛球的方法：持球手的肘部渐渐伸直并向下靠近持球手同侧的大腿，然后从腿侧自下而上将球抛起。在整个动作过程中，手臂伸直，掌心向上，尽量避免勾指、甩手腕等多余的手部小动作，球在空中的旋转越少越好。球脱手的最佳点在头的高度，脱手过早容易造成球在空中旋转和位置过于靠前，出手过晚则会令球的位置过于靠后。脱手时手指展开，将球送至空中。

②抛球的高度：球抛到空中的高度大约到握拍手臂向上充分伸展时球拍的顶部，但也要视个人情况而定。

4.后摆拉拍

后摆拉拍动作与抛球是同步开始的，当持球手在左脚前上举时，球拍向下向后做弧形摆动，举至背后，肘关节抬起，同屈膝屈体协调一致，形成一张拉满的"弓"，为有力地挥拍击球做好充分的准备。

## （二）网球接发球技术教学指导

网球的接发球技术主要是由握拍、准备姿势、击球、随挥动作四个部分构成。

1.网球接发球握拍

握拍要松动，引拍和前挥也都要保持松动，但从网拍接触球的一刹那开始，要紧紧握住网拍，特别是拇指、食指和无名指要用力抓拍。加之手腕固定保证拍面稳定，即使不能有力还击对手的凶猛来球，也可用牢固的拍面顶住来球，或者以合适的拍面角度控制还击的方向。

2.网球接发球准备姿势

两脚自然开立，两膝微屈，上体稍前倾，两臂屈肘，两手持拍置于腹前，要将拍头向上翘起，拍面垂直于地面或稍开放些，拍头上缘与眼的高度齐平，身体重心放在两脚前脚掌上，并要不停地轻轻跳动或微微晃动身体，使自己处于待发的机动状态，随时可以向任何方向起动。

3.网球接发球击球

根据对方发球的快慢而定。动作介于底线正、反手击球动作之间。一般要求在对方发出的球飞越过网时，后摆动作应结束，并准备向前跨步挥拍击球。为了在身前击球，可加快并减少球拍的后引，握紧球拍，手腕固定，眼不离球。只要身体重心偏前，缩短球拍后引的时间便不会影响击球。发球差的选手，可用自己习惯的正反手击球技术来接对方的发球；而发球好、速度快的选手，可用网前截击球技术来接对方的发球，这样回击的球也很有威胁。

4.网球接发球随挥动作

虽然缩短了球拍的后引时间，但不要限制击球后的跟进动作。应尽量加长球拍接触球的时间，球拍应先跟着球出去，然后做充分的随挥动作。一般情况下，后摆动作小，随挥也小；后摆动作大，随挥也大。随挥动作一结束，就要快速移动到自己场地中央，准备迎击下一次来球。

## （三）高压球技术教学指导

网球的高压球技术主要是由握拍、准备姿势、后摆球拍、挥拍击球、随挥动作五个部分构成的。

1.高压球握拍

高压球的动作与发球动作相似，握拍也与发球握拍相同，多采用大陆式握拍法，或者是东方式反手握拍法。

2.高压球准备姿势

准备姿势基本同前所述。但在高压球技术的准备姿势中，既要准备打截击球，又要准备快速后退打对方挑高球。一旦对方挑高球，应侧身转体并用短促的垫步、侧滑步或交叉步快速后退，眼睛始终注视来球。

3.高压球后摆球拍

在脚步开始调整、身体位置相应变化的同时转体、侧身并以最敏捷的动作抬起右手，肘部抬起约与肩高，拍头向上。

①指向来球：高压球在移动定位时，非持拍手应指向空中的来球，避免将手吊在体侧，这不仅有助于测寻击球点的位置，而且对保持身体的平衡也有积极的作用。

②背弓动作：后摆时除伴随有转体、侧身动作外，还应有适度的屈膝及背弓动作以备发力之需。高压球不单纯依靠手臂或手腕的甩动发力，同时靠腰腹、腿部及身体整体的协调发力。

4.高压球挥拍击球

判断准击球点并移动到位后，以双脚为支撑向击球点方向蹬地、转体、收腹（反弹背弓），继而伸展手臂挥拍击球的后上部。发力顺序和感觉与发球相似，但击球点在能保证球过网的前提下，其位置越靠前越利于发力和控制球出手的角度，越靠前越具有杀伤性，这与发球时力争高点是不同的。拍头到达击球点时身体应已完全面向对方（已完成转体），收腹（反弹背弓）的强劲势头也爆发于此点。手臂挥拍动作与发球一样有个"搔背"再迎击来球的过程，手腕以鞭打动作击球。不要硬压大臂以期"高压"来球，而是要将小臂和拍头"甩"出去，获得"鞭打"的效果。当距球网较远、击球点偏后时，还需要做手腕的"旋内"动作。

5.高压球随挥动作

击球过后顺势将球拍收于持拍手异侧的腿侧。如果击球点很靠后或很偏，不适合正常发力，那么随挥动作有可能被强行的扣腕或旋腕动作所代替。这时，不要勉强做常规的收拍动作，以免受伤。

# 第三节　羽毛球与乒乓球

## 一、羽毛球技术教学指导

### （一）羽毛球握拍技术教学指导

握拍是羽毛球初学者必须掌握的基本技术，它是初学者合理、正确、全面地掌握击球技术的重要前提和基础。

羽毛球握拍技术是羽毛球运动技术教学的基础内容，掌握羽毛球握拍技术是学练羽毛球运动其他技术、战术的基础。羽毛球握拍技术教学主要是采取理论教学与实践教学相结合的形式来开展。

在握拍技术教学中，学生应明确掌握以下内容。

1.持拍手

持拍手，是指握住球拍击球的手。在羽毛球运动中有正手技术、反手技术、正手击球、反手击球等术语。正手技术是指握拍手同侧的技术，反手技术是指握拍手异侧的技术。如右手握拍的运动员，在击右侧球时所用的技术就称为正手技术，并由此派生出正手发球技术、正手击球技术等技术名称。

2.非持拍手

非持拍手，是指没有握拍的手。非持拍手看似没有很大用处，而实际上许多动作都需要它潜在参与。非持拍手的功能主要是在发球时用来持球、抛球或在跑动、跳跃等动作中起到平衡身体的作用。

3.拍面方向

拍面方向，是指球拍的拍面所朝向的位置。拍面方向可分为拍面朝左、拍面朝右、拍面朝前三种。当然在实战中拍面的方向会根据来球位置和战术需要而变化，会有许多种不同的角度方向，方向的选择也是非常灵活多变的。

4.拍面角度

拍面角度，是指球拍面与地面所形成的角度。依据拍面倾斜角度的不同，可将其分为拍面垂直、拍面稍前倾、拍面前倾、拍面稍后仰、拍面后仰、拍面向上、拍面向下七种情况。

## （二）羽毛球移动技术教学指导

羽毛球的移动技术具体是指各种步法的应用。在羽毛球运动教学中，步法教学是发球、接发球教学的基础和前提，步法结构是移动技术教学的重点，具体教学内容如下。

1.起动

起动，是指击球人为准备击球而从预备接球姿势转为向击球位置出发的瞬间。出色的步法起动能够有效捕捉到最佳的击球点，打出快速的、具有压迫性的进攻。预判、反应和灵敏度都是决定起动的因素，只有起动快，才能迅速到位。

羽毛球运动中有以下两种起动姿势。

①接发球起动姿势。左脚在前，右脚在后，侧身对网，重心落在前脚上，右脚跟离地，双膝微屈，放松提拍屈肘举在胸前，目视对方发球动作。

②比赛进行中起动姿势。一般右脚在前，左脚在后，前脚掌着地，脚跟提起，膝关节微屈，上体稍前倾，重心落在两脚之间，持拍于腹前，整个姿势要协调放松，保持一触即发的起动姿态。

### 2.移动

移动，是指击球人从原始位置起动后到击球前的位置变换方法。移动的步法主要有垫步、交叉步、小碎步、并步、蹬转步、蹬跨步和腾跳步等，是移动技术教学的重要内容。

### 3.到位配合击球

移动的目的在于更好地捕捉一纵即逝的击球点，以更好地为击球效果服务。到位的步法是运动员根据不同的击球方式站到最适合这种击球的最有利的位置上，为站到这一位置需要大步的基础步法和小步调整，使做击球动作时能协调发力。

### 4.还原

羽毛球运动比赛节奏快，运动员及时移动后还需要快速还原至准备姿势和立即回到适当的位置（一般以场地的中心作为基本原位），便于准备回接下一个来球。

### （三）羽毛球发球技术教学指导

发球是一回合比赛开始的标志，发球是羽毛球比赛中唯一一项不受对手控制的技术。发球可以带有攻击性，也可以根据双方实力情况采取稳妥保守的发球方式。

发球技术是羽毛球运动的基本技术之一。发球技术的好坏直接关系到运动者在场上的主动与被动。发球技术教学是羽毛球运动技术教学的重点。

在教学中，教师必须讲明的一点是，双打有效发球区域与单打有效发球区域有所不同。双打比赛中选手在右发球区发球，必须以对角线将球发向对方的右发球区内。

羽毛球双打中，在右发球区发球的有效区域为中线、中线右边的双打边线、双打后发球线（底线内侧第一条平行于底线的标志线）和前发球线之间。

羽毛球双打中，在左发球区发球的有效区域为中线、中线左边的双打边线、双打后发球线（底线内侧第一条平行于底线的标志线）和前发球线之间。

### （四）羽毛球接发球技术教学指导

接发球是回击对方发来的球。发球和接发球都是一个回合的初始阶段，这两个环节处理得如何将直接决定这一分的归属。

发球与接发球是一对矛盾，发球方想方设法发出各种不同弧线的球，以此来控制对方；而接发球方则以后发制人来达到反控制的目的。

羽毛球教学中，接发球教学通常与发球教学结合在一起开展。

在正式学习接发球技术之前，教师应对接发球的站位与准备姿势进行详细讲解，并进行动作示范。

## 二、乒乓球技术教学指导

### （一）乒乓球握拍技术教学指导

乒乓球运动握拍技术，是指手握乒乓球拍的方法。现代乒乓球运动的握拍主要有直拍握法和横拍握法两种。两种握拍方法各有特点，适用于不同的打法和不同技术特点的选手，没有孰好孰坏之分。其中，直拍握发在亚洲选手中使用较多，横拍握发被欧洲选手广泛使用。不过现代乒乓球的发展越发注重全面性因素，因此，现阶段使用横拍握法的选手较多。

乒乓球的握拍法是最为基础的乒乓球技术，掌握正确的握拍技术对掌握乒乓球其他技术和提高乒乓球技巧至关重要。

1.直拍握法

直拍握法的特点是出手快速、攻球有力，拍面变化不大，对手难以判断。

①直拍快攻型握拍法：拇指第一指节和食指第二指节握拍，使拍柄压住虎口，拇指与食指之间的距离要适当；其他三指自然弯曲，中指第一指节顶住球拍的后上部。

②直拍弧圈球型握拍法：拇指紧贴于拍柄左侧，食指扣住拍柄，形成一个小环状紧握拍柄；其他三指自然伸直，中指第一指节顶住球拍的背面约1/3处。

③直拍横打握拍法：拇指斜向轻压拍面，拍柄的左侧紧贴虎口，食指伸直轻按于右侧拍沿上；其他三指伸展开来，中指和无名指指尖抵住板面，夹紧球板固定板型并形成合力。

2.横拍握法

横拍握法的特点是正反手转换更加顺畅，攻球力量大，从人的生理角度上看没有明显漏洞。另外，横拍握法在攻削球时握法变化小，反手攻球容易发力，由此便成为欧洲两面弧圈型打法的标准握法。不过横拍握法也不是完全没有缺点，如在正反手交替击球时，需变换击球拍面，调节拍形幅度大，易被对方识破。

横拍握拍方法是中指、无名指和小指自然弯曲握住拍柄，虎口贴住拍肩；拇指在球拍的正面轻贴于中指旁，食指自然伸直，斜放于球拍背面。深握时，虎口紧贴球拍；浅握时，虎口轻微贴拍。

### （二）乒乓球发球技术教学指导

发球是每一个乒乓球回合的开始。此外，由于发球是整个比赛过程中唯一不受对方干扰的技术环节，因此，一个好的发球无疑就成了球员的有力武器。

在发球时，发球者可根据自己的战术意图或需求自由选择合适的站位，并可在规则范围内发出各种不同力量、速度、旋转、路线、落点的球，以达到控制对方抢先上手进攻，创造得分机会的目的。现代乒乓球的发球技术主要有以下五种。

1.发平击球

①正手发平击球：以左脚在前的近台站位为例，身体稍微右转，重心偏右脚。左手的掌心托球放于体前偏右侧，右手持拍于身体右侧。左手将球向上抛起，同时右臂稍向后引拍；当球开始回落时，持拍手由身体的右后向前挥拍；在球下降接近球网高度时，将拍形稍前倾，击球的中上部。击球后，前臂和手腕应随势向前挥动，身体重心随之移向前面的脚。

②反手发平击球：以右脚在前的近台靠中线偏左站位为例，身体稍微向左转，左手掌心托球放于身体前方偏左侧，右手持拍于身体前方。左手将球向上抛起，同时右臂外旋，并向身体左侧后方引拍；当球开始回落时，持拍手由身体的左侧后方向右前方挥拍，拍形稍前倾成半横状；在球下降接近球网高度时，击球的中上部，同时向右前方发力。击球后，手臂随势前挥，身体迅速还原，重心随之移至前面的脚。

2.发转与不转球

①正手发转与不转球：以右手持拍、站位靠近左半台为例，左脚在前，右脚在侧后，抛球的同时持拍手向后上方引拍。要求拍面后仰，手腕适当外展，手臂放松，腰向右转。当球降至球网高度时，持拍手迅速用力向前或向下挥拍，发球后快速还原至准备姿势，以备下一次击球。

②反手发转与不转球：以右脚在前、左脚在后为例，向上抛球的同时持拍手向左后上方引拍，身体随之左转，球拍稍后仰。当球下落时，手臂自左上方向右下方挥拍，在球拍触球的瞬间加大前臂、手腕、手指的爆发力，增加球的摩擦力量。发球后快速还原至准备姿势，以备下一次击球。

3.发奔球

①正手发奔球：以左脚在前的近台站位为例，左手掌心托球放于身体前方稍微偏右侧，身体略向右转，将球抛起后，持拍手向右后方引拍，前臂放松，使球拍顺势下降，当球降至约与球网高度相同时，手臂迅速向左前方挥动，拇指压拍，使拍面略向左偏斜。拍触球的同时手腕向左上方抖动，使拍从球的右侧中上部摩擦，球的第一落点靠近端线处。击球后前臂和手腕随势前挥。

②反手发奔球：以右脚在前的站位为例，身体稍向左转，左手掌心托球置于身体前方偏左侧，持拍手置于体前。抛球的同时持拍手向左后方引拍，拍形稍前倾，当球降至约与球网高度相同时，前臂和手腕发力，击球左侧中上部，拍触球的同时前臂加速向右前上方横摆，手腕抖动使拍面摩擦球，第一落点靠近本台端线。击球后前臂和手腕随势前挥。

4.发侧旋球

①正手发左侧上（下）旋球：以正手发左侧上旋球为例，左脚在前，抛球时持拍手向右上方引拍，手腕略向外展；球回落时，右手迅速向左下方挥动，食指压拍，拍面略向左偏斜，当球下降至约与球网高度相同时击球，前臂和手腕用力向左挥动，同时前臂略向外旋，使拍从球的正中部向左侧上摩擦，拍触球的刹那，前臂略向外旋，球的第一落点靠近端线。

发左侧下旋球时，手臂应从右后方向前下挥动，使拍从球的中下部向左侧下摩擦。

②反手发右侧上（下）旋球：以反手发右侧上旋球为例，右脚稍前，持拍手位于身前，持球手位于身体左侧。发球时，拍与球接触的刹那，前臂带动手腕用力向右下方挥动，同时前臂略向内旋，拇指压拍，使拍面逐渐向左倾斜，使拍从球的正中部向右上方摩擦，球的第一落点靠近端线。

反手发右侧下旋球时，触球瞬间拍面略后仰，使拍从球的中下部向右侧下摩擦。

5.高抛发球

①正手高抛发球：正手高抛发球首先应注意抛球的稳健性，抛球手的肘部要贴近身体左侧，尽量让球在抛起时接近于垂直状态，使球在身体的右侧前方降落。当球下降至大约与头部高度相同时，持拍手由右上方向左下方挥动。其次，练习者要避免击球点离身体过远，一般在右侧腰前15厘米左右为宜。对不同的正手高抛发球，应分别注意以下三点。

发左侧上旋球时，注意球拍从球的右侧中下部向左侧上部摩擦。

发左侧下旋球时，注意球拍从球的右侧中下部向左侧下部摩擦。

发直线长短球时，注意球拍击球高度和用力方向、拍形变化及第一落点一气呵成，增强发出的球的威胁性。

②反手高抛发球：多采取右脚在前，左脚稍后的站位。持拍手用力向上抛球，当球开始下降时，持拍手向左上方挥拍，上体略左转，以增加击球的距离。对不同的反手高抛发球，应分别注意以下两点。

发右侧上旋球时，注意当球下降到头部高度时，持拍手从左上方经身前向右下方挥拍，球拍触球的左中下部并向右侧上部摩擦。击球瞬间手腕由左向右抖动可增大球的旋转。

发右侧下旋球时，注意持拍手从左后上方向前下方挥摆，使球拍从球的左侧中下部向右侧下部摩擦。击球瞬间手腕由左向右抖动可增大球的旋转。

### （三）乒乓球接发球技术教学指导

乒乓球接发球技术是一项被动中求主动的技术。接发球者应力争破坏对方的发球，限制对方特长技术的发挥。接发球技术的好坏对接发球者在比赛中能否变被动为主动非常重要。如果接发球技术不好，就很容易给对方造成较多的进攻机会或因技术差而导致紧张、引起不必要的失误。

①接上旋（奔球）球时，可采用正反手攻球或推挡回接；接发球时拍面适当前倾，击球的中上部。

②接下旋长球时，可用搓球、削球、提拉球回接，搓或削球时多向前用力。

③接转与不转球时，如果判断不准，可轻轻地托一板或撇一板，但要注意弧线和落点。

④接左侧上、下旋球时，可用攻球和推挡（搓球或拉球）回接；接发球时拍

面稍前倾（后仰）并略向左倾，击球偏右中上（下）部位，以抵消来球的旋力。

⑤接右侧上、下旋球时，可用攻球或推挡（搓球或拉球）回接；接发球时拍面稍前倾（后仰）并向右偏斜，击球偏左中上（下）部位；其他同接左侧上、下旋球。

⑥接近网短球时，可用快搓、快点或台内突击回接；接发球时主要靠手腕和前臂的力量击球。

### （四）乒乓球搓球技术教学指导

1. 快搓

①正手快搓：击球者肘部自然弯曲，手臂外旋使拍面稍后仰，后引动作较小。当来球跳至上升期时，利用上臂前送的力量，与手腕配合发力，触球的中下部并向前下方用力摩擦球。

②反手快搓：与正手快搓动作相同、方向相反。

2. 慢搓

①正手慢搓：击球者左脚稍前，身体稍向右转。前手臂向右上方引拍，前臂带动手腕向左前下方用力，在来球下降后期击球的中下部。直拍者反手搓要以食指和中指用力为主，同时拇指配合发力；横拍者则应拇指和食指协调发力。

②反手慢搓：与正手慢搓动作相同、方向相反。

3. 摆短

摆短在实战比赛中的运用非常普遍。质量较高的摆短可以有效控制对方的上手进攻，其中以摆短至对方左右两边的"小三角"位置为最佳。另外，从战术的角度上讲，如果对方的步法和处理台内球的技术有缺陷，将球摆短可以调动对方到台前，迫使对方回球质量降低。

①正手搓球摆短：击球者右脚前移，靠近球台，球拍向右侧后方引，拍面稍后仰，在来球的上升期击球的中下部，前臂向前下方挥动，同时手腕适当配合发力。击球后，随挥动作应稍小，并迅速还原至准备姿势。

②反手搓球摆短：击球者身体前移，靠近球台，球拍略向左后引至腹前，拍面稍后仰，在来球的上升期击球的中下部，前臂向前下方挥动，同时手腕外展适当配合发力。击球后，随挥动作应稍小，并迅速还原至准备姿势。

# 参考文献

[ 1 ]赵文.体育教学与体能训练[M].长春：吉林出版集团股份有限公司，2023.

[ 2 ]郝萍，刘艳，李永杰.体育教学理论与实践[M].长春：吉林文史出版社，
2023.

[ 3 ]王纯新.体育教学理论与实践研究[M].郑州：郑州大学出版社，2023.

[ 4 ]杨逍然.体育教学方法与应用研究[M].重庆：重庆出版社，2023.

[ 5 ]吴鹏，马可.高校体育教学多种模式研究[M].延吉：延边大学出版社，2023.

[ 6 ]陈辉.高校体育教学探索与模式构建研究[M].北京：北京工业大学出版社，
2023.

[ 7 ]任翔，张通，刘征.高校体育教学模式创新研究与实践[M].沈阳：辽宁人民
出版社，2023.

[ 8 ]张萍.现代高校体育教学与运动训练研究[M].哈尔滨：哈尔滨出版社，2023.

[ 9 ]栾朝霞.高校体育教学改革与健康教育研究[M].北京：北京工业大学出版
社，2023.

[10]史永.传统体育教学与训练[M].北京：中国纺织出版社，2023.

[11]聂丹，李运.体育强国视域下高校体育教学创新研究[M].长春：吉林大学出
版社，2023.

[12]田伟.高校体育科学化教学的创新与实践[M].长春：吉林大学出版社，2023.

[13]王翠娟.现代体育教学理论与多元教学研究[M].长春：吉林出版集团股份有
限公司，2023.

[14]朱元明.高校体育教学模式与创新发展研究[M].长春：吉林出版集团股份有
限公司，2022.

[15]刘卫国，郝传龙，陈星全.高校体育教学方法实践探索研究[M].长春：吉林
出版集团股份有限公司，2022.

[16]刘永科，齐海杰.高校体育教学改革创新与发展研究[M].长春：吉林出版集

团股份有限公司，2022.

[17]刘海洋.基于有效教学理论的高校体育教学研究[M].北京：中国商业出版社，2022.

[18]王冬枝.高校体育教学与大学生体育运动管理[M].长春：吉林出版社，2022.

[19]李响.高校体育教学训练水平提升策略与实证[M].北京：北京燕山出版社，2022.

[20]张亚平，杨龙，杜利军.高校体育教学理念及模式创新研究[M].北京：中国商业出版社，2022.

[21]李彦松.多维度视域下的高校体育教学工作研究[M].长春：吉林科学技术出版社，2022.

[22]李景丽.创新教育背景下的体育教学发展探索[M].南京：南京出版社，2022.

[23]苏济海，范立.体育教学课程实施模式研究[M].西安：西北工业大学出版社，2022.

[24]孙丽萍.新时代高校体育教学理论探索与实务研究[M].长春：吉林大学出版社，2022.

[25]牛亮星，关浩.新时代背景下高校体育教学改革与发展研究[M].北京：中国商业出版社，2021.

[26]史健.大学在线体育教学研究[M].北京：中国商业出版社，2021.

[27]温正义.高校体育教学与大学生体育实践能力培养研究[M].北京：北京工业大学出版社，2021.

[28]田应娟.当代高校体育教学改革创新与发展[M].长春：吉林人民出版社，2021.

[29]杨艳生.体育教学改革与创新实践研究[M].长春：吉林人民出版社，2021.

[30]于海，张宁宁.高校体育教学与训练实践研究[M].长春：吉林人民出版社，2021.

[31]李婷婷，刘琦，原宗鑫.现代学校体育教学理论与方法[M].长春：吉林人民出版社，2021.

[32]刘汉平，朱从庆.我国高校公共体育课程教学的发展与改革探究[M].长春：吉林人民出版社，2021.